Göschens Kaufmännische Bibliothek

Band I:

Deutsche Handelskorrespondenz

von

Robert Stern
Oberlehrer an der Öffentlichen Handelslehranstalt und Dozent an der Handelshochschule zu Leipzig

---

Göschens Kaufmännische Bibliothek bildet eine *Sammlung praktischer kaufmännischer Handbücher,* die nach ihrer ganzen Anlage berufen sein sollen, sowohl im kaufmännischen Unterricht als in der Praxis wertvolle Dienste zu leisten. Es erscheint zunächst die Gruppe: „Handelskorrespondenz“ und zwar Band I: *Deutsche Handelskorrespondenz* von Robert Stern, Oberlehrer an der Oeffentlichen Handelslehranstalt und Dozent an der Handelshochschule zu Leipzig; Band II: *Französische Handelskorrespondenz* von Professor Theodor de Beaux, Oberlehrer an der Oeffentlichen Handelslehranstalt und Lektor an der Handelshochschule zu Leipzig; Band III: *Englische Handelskorrespondenz* von John Montgomery, Direktor der City of Liverpool School of Commerce in Liverpool. Weitere Bände — — spanische, italienische, russische etc. Handelskorrespondenz — sind in Vorbereitung.

Der *Vorzug dieser Handelskorrespondenzwerke* liegt vor allem in der Ausarbeitung nach einheitlichen Grundsätzen. Die fremdsprachlichen Bände enthalten keine Uebersetzungen des deutschen Textes, sondern im Geiste der Fremdsprache und unter Berücksichtigung der betreffenden Gesetzgebung auf der Grundlage von Originalmaterial bearbeitete, aber zugleich in enger Anlehnung an die Deutsche Korrespondenz ausgewählte Briefe.

Göschens Kaufmännische Bibliothek Band 1

Deutsche Handelskorrespondenz

von

Robert Stern
Oberlehrer an der Öffentlichen Handelslehranstalt und Dozent an der Handelshochschule zu Leipzig

LEIPZIG
G. J. Göschen'sche Verlagshandlung
1902

Spamersche Buchdruckerei, Leipzig.

Inhaltsverzeichnis.

Der kaufmännische Briefwechsel.

Der Briefwechsel des Kaufmanns hat die Erwerbung, Erhaltung und Erweiterung seiner geschäftlichen Beziehungen zur Aufgabe.

Der kaufmännische Brief ist in doppelter Hinsicht von Bedeutung:

1. stellt er die getroffenen Abmachungen fest und dient deshalb in Streitfällen als Beweismittel;
2. bildet er die Grundlage für die Eintragungen in die Geschäftsbücher.

Einen sachgemässen Brief wird nur der verfassen können, der mit dem Entwickelungsgange des Geschäftes, über welches er schreibt, wohl vertraut ist und zugleich die zur Erledigung desselben erforderlichen geschäftstechnischen Kenntnisse besitzt. — Diese Kenntnisse allein aber befähigen noch nicht zur Abfassung eines guten kaufmännischen Briefes; der Korrespondent muss ausserdem:

1. die im kaufmännischen Briefwechsel üblichen Ausdrucksformen beherrschen;
2. sich kurz, deutlich und sprachrichtig ausdrücken;
3. für übersichtliche Anordnung des Brieftextes sorgen.

In dieser Beziehung theoretische Anweisungen zu erteilen ist zwecklos, weil die Ansprüche ausserordentlich verschieden sind und die Ausdrucksformeln je nach Art und Umfang des Geschäftes wesentlich voneinander abweichen.

Durch eingehendes Studium und gewissenhafte Nachahmung geeigneter Vorbilder wird der Lernende am schnellsten und sichersten in den Besitz der erforderlichen Kenntnisse gelangen. Die folgenden, dem Verkehrsleben der Gegenwart entlehnten Briefgruppen sollen ihm dabei behilflich sein.

Jede dieser Gruppen behandelt einen Geschäftsgang, d. h. sie umfasst alle Verhandlungen, die von der Anbahnung bis zur Abwickelung des betreffenden Geschäfts geführt worden sind. Die verschiedenen Möglichkeiten, wie ein und derselbe Geschäftsgang sich abwickeln kann, sind in den einzelnen Beispielen berücksichtigt.

Die Gruppen untereinander sind so geordnet, dass der Lernende vom Leichteren zum Schwereren geführt wird.

Dem Inhalt nach behandelt die Sammlung in vier getrennten Abteilungen:

Abteilung A das Warengeschäft;
„ B „ Bankgeschäft;
„ C „ Kommissionsgeschäft;
„ D „ Speditionsgeschäft.

Die jeder Abteilung vorangehenden Erläuterungen sollen einen allgemeinen Überblick über die Gattung vermitteln, während die den einzelnen Geschäftsgängen vorgedruckten Inhaltsangaben den geschäftlichen Vorgang beleuchten sollen. Diese Inhaltsangaben mögen zugleich als Anleitung zur Ausarbeitung der Aufgaben dienen.

Als Anhang sind dem Leitfaden beigegeben:

1. eine Aufzählung der Formeln und Redewendungen, die dem Korrespondenten geläufig sein müssen;
2. eine Zusammenstellung der wichtigsten handelstechnischen Ausdrücke;
3. eine Anzahl technischer Erläuterungen zum Warengeschäft.

Endlich sei auf die im gleichen Verlag erschienenen fremdsprachlichen Bearbeitungen der vorliegenden Briefgruppen hingewiesen. Diese Bearbeitungen sind keine Übersetzungen, sondern in der Fremdsprache verfasste Briefe über die im deutschen Text behandelten Geschäfte mit allen Abweichungen, wie sie die Gepflogenheiten und Handelsgebräuche des betreffenden Landes mit sich bringen.

A. Das Warengeschäft.

Im Warengeschäft kommen hauptsächlich folgende Briefgattungen in Betracht:

a) Anfragen (Bitte um Preisanstellung);
b) Anträge (Angebote, Anerbieten, Offerten);
c) Bestellungen (Aufträge, Orders);
d) Auftragsbestätigungen oder Ausführungsanzeigen mit Rechnung;
e) Begleichung der Rechnung (Anschaffung, Zahlung, Regulierung);
f) Empfangsbestätigungen (Empfangsanzeigen).

In einzelnen Fällen werden noch hinzukommen:

g) Erkundigungen;
h) Beschwerden (Reklamationen);
i) Mahnungen.

a) Anfragen (Bitte um Preisanstellung).

Eine wesentliche Aufgabe des Kaufmanns besteht darin, sich für seine Ware die billigsten Bezugsquellen zu sichern. Fehlt es ihm an Angeboten, oder erscheint ihm das Gebotene ungenügend, so wird er bei verschiedenen Lieferanten Umfrage halten und unter den eingehenden Angeboten seine Wahl treffen.

Anfragen können persönlich, telephonisch, telegraphisch oder brieflich erfolgen; sie erstrecken sich auf Beschaffenheit (Qualität), Menge (Quantität), Preis und Lieferungsbedingungen.

Für gewöhnlich bestätigt der vorsichtige Geschäftsmann brieflich die persönlich, telephonisch oder telegraphisch eingezogenen Erkundigungen sowie die Antworten, die er darauf erhalten hat.

b) Anträge (Anerbieten, Preisanstellung, Offerte).

Anträge können unmittelbar (direkt) oder mittelbar (indirekt) gemacht werden.

Indirekte Anerbieten erfolgen durch Auslegen der Ware an der Verkaufsstelle oder durch Vermittelung von Reisenden, Agenten, Kommissionären.

Direkte Anerbieten können persönlich, telegraphisch, telephonisch oder schriftlich gemacht werden.

Die schriftlichen Anerbieten sind entweder allgemein gehalten und für einen grösseren Kundenkreis berechnet (Zirkularanerbieten) oder sie tragen den Bedürfnissen des einzelnen Kunden Rechnung (briefliche Anerbieten).

Häufig gehen mit den brieflichen Anerbieten zugleich Warenproben und Preislisten an die Adressaten ab.

Lautet das Anerbieten auf einen bestimmten Warenposten, oder sind Qualität, Quantität, Preis und Lieferungsbedingungen angegeben, so ist der Verkäufer verpflichtet zu liefern.

Will er sich das Verfügungsrecht über die dem Käufer angestellte Ware vorbehalten, so muss er seinem Antrag das Wort „freibleibend“ beifügen.

c) Bestellungen (Aufträge, Orders).

Bei Bestellungen müssen Beschaffenheit, Menge und Preis der geforderten Ware genau angegeben sein; häufig wird man dem Auftrag Vorschriften über Verpackung, Versendung und Zahlung hinzufügen.

Kann sich der Besteller auf früher erteilte Aufträge beziehen, so vermeidet er die Wiederholung dieser Angaben durch den Zusatz „wie gehabt“.

d) Ausführungs-, Versandanzeigen und Rechnungen.

Kann ein Auftrag nicht sofort erledigt werden, so wird der Eingang desselben dem Auftraggeber vorläufig angezeigt. Zur Verhütung von Missverständnissen wird die Bestellung in der Auftragsbestätigung wiederholt, oder es wird dem Briefe eine Kommissionskopie beigelegt.

Ist der Auftrag sofort ausführbahr, so tritt an die Stelle der Auftragsbestätigung entweder die Versandanzeige oder der Fakturenbrief oder die Rechnung.

Die Versandanzeige oder der Text des Fakturenbriefes enthält:

1. Datum und Form der Bestellung (durch Telephon, Depesche, Brief, Vertreter);
2. Datum der Ausführung und Form der Versendung;
3. Rechnungsbetrag nebst Bitte um dessen Gutschrift;
4. Abmachungen bezüglich der Zahlung;
5. Bitte um weitere Aufträge.

Die Rechnung selbst muss folgende Angaben enthalten:

1. Namen oder Firma des Absenders der Ware (Verkäufers);
2. Ort und Zeit der Ausstellung der Rechnung;
3. Namen oder Firma des Empfängers der Ware (Käufers);
4. Zeichen und Nummer sowie Art der Verpackung (Fass, Kiste, Sack etc.);
5. Menge (Mass, Gewicht), Namen und Preis der Ware;
6. Beförderungsart (Bote, Fuhrmann, Post, Schiff, Bahn: Eil-, Frachtgut);
7. Angaben über Zahlung, Anschaffung, Regulierung).

Ausserdem können noch Lieferungsfristen vereinbart, Versicherung der Ware auf dem Transport vorgesehen oder Bedingungen über Rücksendung der Verpackung, Zulässigkeit von Reklamationen u. s. w. gestellt werden.

e) Begleichung der Rechnung. (Zahlung, Anschaffung, Regulierung).

Die Erlegung des Rechnungsbetrags seitens des Käufers kann nach Zeit, Form und Art verschieden sein; sie kann erfolgen:

a) „Zug um Zug“, d. h. bei Übernahme der Ware;
b) „per Kasse“, innerhalb einer kurzen Frist (10 bis 30 Tage) vom Datum der Faktur ab gerechnet;
c) „auf Ziel“, nach einer im voraus vereinbarten Frist;
d) „gegen Einsendung des Betrags“ bei der Bestellung;
e) „gegen Nachnahme“ durch die Post- oder Bahnverwaltung.

Bar- und Zielkauf. Erfolgt die Bezahlung der Ware „Zug um Zug“ oder „per Kasse“, so spricht man von „Bar- oder Kontantkauf“; ist der Kaufpreis „auf Ziel“ vereinbart, so bezeichnet man das Geschäft als Zeit- oder Zielkauf.

Skonto. Käufer, die das vom Verkäufer gewährte Ziel in Anspruch nehmen, haben den vollen Fakturenpreis zu erlegen. Zieht der Käufer vor früher zu zahlen, so kann er einen Preisnachlass beanspruchen, der sehr verschieden ist. Die Höhe dieses Preisnachlasses pflegt in Prozenten ausgedrückt am Kopf der Faktur angegeben zu sein und wird meist Skonto selten Rabatt oder Dekort genannt.

Zahlungsmittel:

a) Bargeld (Gold, Silber, Banknoten);
b) Wertpapiere (Wechsel, Check, Anweisung);
c) Waren, die in Gegenrechnung gestellt (abgerechnet, verrechnet) werden.

Zahlungsform:

a) Erlegung des Betrags an der Kasse gegen Quittung;
b) Aushändigung des Betrags an den Verkäufer oder an dessen Bevollmächtigten (Reisenden, Agenten);
c) Vermittelung der Post (Postanweisung, Geldbrief);
d) Übertragung von einem Konto auf das andere (Giroverkehr).

Doppelquittung. Bei Zahlungen für Rechnung dritter werden die Quittungen doppelt ausgestellt; sie tragen dann den Vermerk „doppelt für einfach giltig".

Annahme von Geldbeträgen. Handlungsreisende sind kraft ihrer Stellung zur Erhebung von Geldern bei der Kundschaft befugt, dagegen müssen Agenten zur Entgegennahme von Zahlungen besonders bevollmächtigt sein.

Überweisung. Die Begleichung des Rechnungsbetrags durch Überweisung kann nur erfolgen, wenn Käufer und Verkäufer bei demselben Bankhause Girokonto haben.

Einziehung von Geldbeträgen. Fällig gewordene Rechnungsbeträge können durch Vermittelung der Post (Postaufträge, Postnachnahmekarten) eingezogen werden. — Mitunter beauftragt der Gläubiger einen Geschäftsfreund oder ein Bankhaus am Platze des Schuldners, den Betrag gegen Quittung zu erheben, nachdem er den Schuldner zuvor brieflich von diesem Schritte verständigt hat.

f) Empfangsbestätigungen (Empfangsanzeigen).

Der Eingang einer Geldsendung wird dem Absender vom Empfänger durch Brief oder Postkarte bestätigt. Die Empfangsanzeige giebt den Betrag, das Zahlungsmittel, etwaige Abzüge für Skonto etc. und die Verbuchung an, die das Geld gefunden hat. Sie schliesst gewöhnlich mit einem Worte des Dankes und der Empfehlung zu ferneren Diensten.

Briefe im Warengeschäft.

Kaffee.

1. Unter dem Datum des Poststempels offerieren Blank & Co., Leipzig, durch gedrucktes Zirkular ihrer Kundschaft besonders preiswerte Kaffees.

2. Am 10. August 19 .. wiederholen Blank & Co. brieflich ihre Offerte, da das Zirkular unbeantwortet geblieben ist; gleichzeitig überreichen sie Preisliste und Proben.

3. Am 15. August 19 .. bestätigt Richard Martin, Grimma, den Empfang des Antrags vom 10. d. M. und erteilt einen Auftrag.

4. Am 17. August 19 .. zeigen Blank & Co. mittels Fakturenbriefs an, dass der Auftrag ausgeführt ist.

5. Am 28. August 19 .. schickt Richard Martin den Rechnungsbetrag abzüglich Skonto per Post ein.

6. Am 29. August 19 .. bekennen sich Blank & Co. durch Postkarte zum Empfang des Geldes.

1.

Blank & Co.,
Kaffeeimport.
Fernsprecher No. 868.

Leipzig, Datum des Poststempels.

P. P.

Infolge günstiger Abschlüsse sind wir in der Lage, Ihnen folgende Kaffees in vorzüglicher Qualität zu den beistehenden sehr vorteilhaften Preisen unter bekannten Konditionen zu offerieren:

reell breitbohnigen Rio, je nach Qualität	85— 89	Pfennig.
„ Santos Perl	72— 98	„
gew. Guatemala	74— 84	„
Preanger	95—105	„
Menado	110—125	„

Wir bemerken, dass die Ende vorigen Jahres begonnene Preissteigerung langsam fortschreitet und sich besonders in den billigsten Sorten sehr bemerkbar macht. Es empfiehlt sich deshalb, mit der Bestellung nicht zu zögern.

Hochachtungsvoll

Blank & Co.

2.

Blank & Co.,
Kaffeeimport.
Fernsprecher No. 868.

Leipzig, den 10. August 19..

Herrn Richard Martin, Grimma.

Zu unserem Bedauern vermissen wir seit längerer Zeit Ihre geschätzten Aufträge.

Wir übersandten Ihnen heute per Post unsere soeben zur Ausgabe gelangte Preisliste für rohe und geröstete Kaffees zur gefl. Durchsicht.

Ausserdem bemusterten wir Ihnen als besonders preiswert, ab hier zu den bekannten Bedingungen:

No. 820 ff. Menado per $^1/_2$ kg à 120 Pf.
„ 842 ff. Guatemala „ „ „ à 82 „

Es würde uns freuen, wenn diese Kaffees Ihren Beifall fänden und Sie uns Ihre geschätzten Aufträge überschreiben wollten.

Hochachtend

Blank & Co.

3.

Richard Martin,
Kolonialwaren.

Grimma, den 15. August 19..

Herren Blank & Co., Leipzig.

Im Besitz Ihres Geehrten vom 10. d. M. danke ich Ihnen für gefl. Zusendung der Preisliste und Proben.

Für die mir bemusterten Kaffees habe ich augenblicklich keine Verwendung. Dagegen bitte ich Sie, mir als Frachtgut zu senden:

2 Sack Salem Plantagen . . . . à M. 1,10
1 „ ff. Santos reell breitbohnig à „ 0,65

Ich rechne auf umgehende Erledigung meines Auftrags und zeichne

Hochachtungsvoll

Richard Martin.

4.

Blank & Co.,
Kaffeeimport.
Fernsprecher No. 868.

Leipzig, den 17. August 19..

Herrn Richard Martin, Grimma.

Über den uns am 15. d. M. brieflich *erteilten Auftrag beehren wir uns, Ihnen untenstehende Faktur zu erteilen, deren Betrag Sie uns mit:*

M. 437,95 *gefl. gutschreiben wollen.*

Wir halten uns zu ferneren Aufträgen bestens empfohlen und zeichnen

Hochachtungsvoll

Blank & Co.

Ziel 3 Monate *oder per Kasse* mit $1\frac{1}{4}\%$ Skonto
innerhalb 14 Tagen vom Tage der Ausstellung ab.

Erfüllungsort Leipzig.

Reklamationen werden nur berücksichtigt, wenn sie innerhalb 8 Tagen, vom Empfang der Ware an gerechnet, erfolgen.

Wir sandten Ihnen auf Ihre Order, Rechnung und Gefahr ohne unsere Verantwortlichkeit für Gewichtsdifferenzen durch Bahn:

C P	2 Bll. ff. Salem Plantagen			
5 & 6	B° 160 Tª 2 Ntto. 158 à 1,10 per $\frac{1}{2}$ kg . . .	*M.*	347	60
B & C	1 Bll. ff. Santos breitbohnig			
3228	B° 70 Tª $\frac{1}{2}$ Ntto. $69\frac{1}{2}$ à 65 per $\frac{1}{2}$ kg . . .	„	90	35
		M.	437	95

5.

Richard Martin,
Kolonialwaren.

Grimma, den 28. August 19..

Herren Blank & Co., Leipzig.

Zum Ausgleich Ihrer Rechnung vom 17. d. M. übersende ich Ihnen beiliegend:

M. 432,45,
zuzüglich „ 5,50 $1\frac{1}{4}\%$ Skonto
M. 437,95, wofür Sie mich unter gefl. Empfangsanzeige erkennen wollen.

Hochachtungsvoll
Richard Martin.

6. (Postkarte.)

Herrn Richard Martin, Grimma.

Wir bekennen uns zum Empfange der uns mit Brief vom 28. August 19.. gefälligst übersandten:

M. 432,45, die wir nebst
„ 5,50 $1\frac{1}{4}\%$ Skonto Ihrem werten Konto mit
M. 437,95 dankend gutschrieben.

Leipzig,
den 29. August 19..

Hochachtungsvoll
Blank & Co.

Papier.

7. Am 3. November 19 .. fragt Max Arnold, Dresden, bei A. Berger & Co., Chemnitz, an, zu welchem Preis und bis wann sie einen Posten Briefpapier nach Probe liefern können.

8. Am 4. November 19 .. erklären sich A. Berger & Co., Chemnitz, bereit, die Lieferung in ca. 4 Wochen zu bewerkstelligen und überreichen verschiedene Muster unter Angabe der Lieferungsbedingungen.

9. Am 10. November 19 .. fragen A. Berger & Co., Chemnitz, die auf Ihre Offerte vom 4./11. keine Antwort erhalten haben, an, ob ihnen die Lieferung übertragen wird.

10. Am 11. November 19 .. erwidert Max Arnold, Dresden, dass ihm der geforderte Preis zu hoch ist.

11. Am 12. November 19 .. erklären sich A. Berger & Co., Chemnitz, zu einer Preisherabminderung bereit, um den Auftrag zu erhalten.

12. Am 13. November 19 .. macht M. Arnold, Dresden, telegraphisch Gegenofferte, er verlangt Drahtantwort. Nach Eingang der letzteren erteilt M. Arnold am gleichen Tage seinen Auftrag und giebt Vorschriften über Ablieferung und Zusendung.

13. Am 13. November 19 .. übersenden Berger & Co., Chemnitz, Kommissionskopie und verlangen Vergütung des durch die Eilgutsendung entstehenden Mehrbetrags an Fracht.

14. Am 23. November 19 .. zeigen A. Berger & Co., Chemnitz, den Versand der Eilgutsendung an.

15. Am 14. Dezember 19 .. überreichen Berger & Co., Chemnitz, Faktur und Brief mit der Bitte um Gutschrift.

16. Am 10. Januar 19 .. überweist M. Arnold, Dresden, den Fakturenbetrag abzüglich 2 % Skonto durch Reichsbankgiro.

17. Am 13. Januar 19 .. bekennen sich Berger & Co., Chemnitz, zum Empfange des Geldes.

7.

Max Arnold, Dresden.
Telephon No. 346.

Dresden, den 3. November 19 ..

Herren Albert Berger & Co., Chemnitz i. S.

Unter Bezugnahme auf die mir kürzlich übersandte Preisliste frage ich hiermit an, zu welchem äussersten Preis Sie mir ein Postpapier liefern würden, welches dem anliegenden Muster in Satinage, Färbung und Gewicht möglichst nahe kommt und welche Lieferzeit Sie hierfür beanspruchen.

Format 46 × 59, Gewicht ca. 18 kg per ‰ Bg., mit Wasserzeichen bei Abnahme von ca. 1200 kg.

Hochachtungsvoll

Max Arnold.

Muster

8.

A. Berger & Co.
Telegr.-Adr. Bergerold.
Fernsprechanschluss No. 146.

Chemnitz i. S., den 4. November 19..

Herrn Max Arnold, Dresden.

Für die uns mit Ihrem geehrten Gestrigen übermittelte Anfrage verbindlichst dankend, übersenden wir Ihnen beigeschlossen einige Muster, die der uns übersandten Papierprobe entsprechen.

Bei Entnahme von mindestens 60 000 Bogen berechnen wir Ihnen, frei Haus, Ziel 3 Monate, Bar 2% Skonto:

No. 6313 f.	weiss Velin Post,	46 × 59	‰ Bg.	16	kg	M.	22,—
„ 6317 ff.	„ „ „	do.	„	17/18	„	„	23,50
„ 6320 spf.	„ „ „	do.	„	15	„	„	25,—

Lieferzeit ca. 4 Wochen.

Es würde uns freuen, Ihren geschätzten Auftrag zu erhalten und zeichnen wir in dessen Erwartung

Hochachtungsvoll

A. Berger & Co.

3 Muster

9.

A. Berger & Co.
Telegr.-Adr. Bergerold.
Fernsprechanschluss No. 146.

Chemnitz i. S., den 10. November 19..

Herrn Max Arnold, Dresden.

Wir beziehen uns auf unser Ergebenes vom 4. d. M. und bitten Sie, uns gefl. mitzuteilen, ob Sie geneigt sind, von unserem Angebot Gebrauch zu machen.

In den nächsten Tagen gehen wir an die Anfertigung neuer Marken und müssen infolge zahlreich einlaufender Bestellungen genau disponieren, um die Lieferfristen einzuhalten.

Gefl. umgehender Erledigung unserer Anfrage gern gewärtig, zeichnen wir

Hochachtungsvoll

A. Berger & Co.

10.

Max Arnold, Dresden.
Telephon No. 346.

Dresden, den 11. November 19..

Herren A. Berger & Co., Chemnitz i. S.

Im Besitz Ihrer gefl. Offerte vom 4. d. M. und in Erledigung Ihrer gestrigen Anfrage teile ich Ihnen ergebenst mit, dass mir die Qualität des unter No. 6317 bemusterten Papiers passen würde, wenn mir der Preis nicht zu hoch wäre.

Bisher habe ich bei Entnahme so bedeutender Posten nie mehr als ca. 20 M. per $^0/_{00}$ Bg., frei Haus, bei 6 Monat Ziel bezahlt; ich kann meiner Kundschaft eine Preissteigerung von ca. 17 $^0/_0$ nicht zumuten.

Hochachtungsvoll

Max Arnold.

11.

A. Berger & Co.
Telegr.-Adr. Bergerold.
Fernsprechanschluss No. 146.

Chemnitz i. S., den 12. November 19..

Herrn Max Arnold, Dresden.

Soeben erhalten wir Ihr geehrtes Gestriges und erlauben uns ganz ergebenst darauf hinzuweisen, dass es unter den jetzigen Umständen ganz unmöglich ist, die früheren Notierungen einzuhalten, oder zum Vergleich heranzuziehen.

Es wird Ihrer Aufmerksamkeit nicht entgangen sein, dass sowohl die zur Papiererzeugung erforderlichen Rohstoffe, als auch die zur Herstellung nötigen Kohlen und die den Arbeitern gewährten Löhne eine gewaltige Erhöhung — bis zu 35 $^0/_0$ — erfahren haben.

Angesichts dieser Preissteigerung haben sich sämtliche Papierfabriken von Bedeutung dahin geeinigt, für Ihre Erzeugnisse einen Preisaufschlag von mindestens 15 $^0/_0$ eintreten zu lassen, um die Mehrausgaben für Material und Arbeitslöhne einigermassen zu decken.

Es ist sehr zweifelhaft, ob die Preissteigerung damit zum Stillstand gekommen ist; jedenfalls haben wir bei unserer Offerte den oben angeführten Thatsachen nur sehr bescheiden Rechnung getragen.

Da wir jedoch grossen Wert darauf legen, mit Ihrem geschätzten Hause in Verbindung zu treten, so ermässigen wir hiermit unsere Offerte:

No. 6317 ff. Post von M. 23,50 auf M. 22,50 per 1000 Bg.;

die übrigen Lieferungsbedingungen bleiben unverändert.

Wir hoffen, uns durch dieses Entgegenkommen Ihren Auftrag gesichert zu haben, auf dessen gewissenhafte und schnelle Ausführung Sie rechnen dürfen.

Hochachtungsvoll

A. Berger & Co.

12.

Max Arnold, Dresden.
Telephon No. 346.

Dresden, den 13. November 19..

Herren A. Berger & Co., Chemnitz i. S.

In Beantwortung Ihres geehrten Heutigen telegraphierte ich Ihnen:

„Offerte erhalten, Gegenofferte Zwanzig Zwei, Drahtantwort."

Soeben erhalte ich Ihre Depesche:

„Acceptieren Gegenofferte".

Indem ich Ihnen für Ihr Entgegenkommen verbindlichst danke, bitte ich nunmehr für mich in Nota zu nehmen:

ca. 1200 kg plano Post # 6317, 46 × 59 cm, die 1000 Bogen = 18 kg

à M. 22,— per 1000 Bogen

frei Haus, 3 Monate Ziel oder 2 % Skonto.

Aus Ihrem Schreiben vom 10. d. M. entnehme ich, dass Sie mit der Herstellung sofort beginnen können.

Ich bitte, mir ca.. 20 000 Bogen sofort nach Fertigstellung per Eilgut, den Rest per Frachtgut zugehen zu lassen.

Gefl. Auftragsbestätigung gern entgegensehend hochachtungsvoll

Max Arnold.

13.

Auftragsbestätigung

von A. Berger & Co. Chemnitz i. S., an Herrn Max Arnold, Dresden.

Chemnitz i. S., den 13. November 19..

Lager No.	*Menge*	*Benennung*	*Format in cm*	*Gewicht in kg f. 1000 Bg.*	*Preis f. 1000 Bg.*	*Wasserzeichen*	*Lieferzeit und Bedingungen*
6317	ca. 1200 kg	ff. weiss Velin Post	46 × 59 flachliegend	17—18 kg per 1000 Bg.	M. 22	M. A.	sofort nach Fertigstellung, frei Haus

Für vorstehenden Auftrag verbindlichst dankend, bemerkten wir uns, dass Sie die ersten 20 000 Bogen als Eilgutsendung zu erhalten wünschen.

Wir werden unsern Spediteur, Herrn F. Lehmann, dort, veranlassen, Ihnen die Frachtdifferenz in Rechnung zu stellen, vorausgesetzt dass Sie diesem Vorschlag zustimmen.

Hochachtungsvoll

A. Berger & Co.

14.

Mitteilung

von	*an*
A. Berger & Co., Chemnitz i. S.	*Herrn* Max Arnold, Dresden.

Durch Herrn F. Lehmann, dort, liessen wir soeben als Eilgut:

M. A. 1220/1221 2 Kisten Postpapier

an Sie abgehen.

Faktura folgt nach Erledigung des ganzen Auftrags. Inzwischen empfehlen wir uns

Chemnitz i. S.,

den 23. November 19..

Hochachtungsvoll

A. Berger & Co.

15.

A. Berger & Co.
Telegr.-Adr. Bergerold.
Fernsprechanschluss No. 146.

Chemnitz i. S., den 14. Dezember 19..

Herrn Max Arnold, Dresden.

Wir beehren uns, Ihnen umstehend Rechnung über den uns am 13. November a. c. *erteilten Auftrag zu überreichen.*

Den Betrag derselben:

M. 1343,40,

bitten wir uns gefl. gutzuschreiben und sehen Ihren weiteren Aufträgen gern entgegen.

Hochachtungsvoll

A. Berger & Co.

Chemnitz i. S., den 14. Dezember 19..

Rechnung

für Herrn Max Arnold, Dresden,
von A. Berger & Co., Chemnitz i. S.

Zahlbar: Ziel 3 Monate oder mit 2 % Skonto gegen Bar.

Bogen	*No.*			
60 000	6317	Sandten per Eilgut 2 Kisten M. A. 1220/1221		
	„	„ „ Frachtgut 4 „ G. K. 377—380		
		ff. weiss Velin Post, 46 × 59 cm, 18 kg per 1000 Bg.		
		à M. 22,—	1320	—
		Verpackung	23	40
		M.	1343	40

16.

Max Arnold, Dresden.
Telephon No. 346.

Dresden, den 10. Januar 19..

Herren A. Berger & Co., Chemnitz i. S.

Durch die Reichsbank überweise ich Ihnen heute:

M. 1316,50, welche Sie
zuzüglich „ 26,90 2 % Skonto von M. 1343,40
zur Begleichung Ihrer Rechnung vom 14. v. M. verwenden wollen.

Hochachtungsvoll
Max Arnold.

17.

A. Berger & Co.
Telegr.-Adr. Bergerold.
Fernsprechanschluss No. 146.

Chemnitz i. S., den 13. Januar 19..

Herrn Max Arnold, Dresden.

Sie überwiesen uns durch Reichsbank:

M. 1316,50, die wir unter
Zuschlag von „ 26,90 2 % Skonto
M. 1343,40 dankend zum Ausgleich unserer
Rechnung vom 14. v. M. verwendeten.

Ihnen unsere weiteren Dienste bestens gewidmet haltend, zeichnen wir

Hochachtungsvoll
A. Berger & Co.

Strickwaren.

18. Am 1. August 19.. bestätigt Alfred Krause, Riesa a/Elbe, der Chemnitzer Tricotagenfabrik, A.-G., Chemnitz i. S., den soeben telephonisch erteilten Auftrag auf eine Lieferung per September.

19. Am 2. August 19.. bestätigen die Chemnitzer Tricotagenfabrik, A.-G., Chemnitz i. S., diesen Auftrag.

20/21. Am 25. September 19.. überreichen die Chemnitzer Tricotagenfabrik, A.-G., Chemnitz i. S., Alfred Krause, Riesa a/E., Faktur mit Begleitbrief über die dem Spediteur übergebene Ware.

22. Am 26. September 19.. bitten Spediteur J. Schneider & Co., Chemnitz i. S., durch Postkarte Alfred Krause, Riesa a/E., über die Ware zu verfügen.

23. Am 27. September 19.. ordnet Alfred Krause, Riesa a/E., an, ihm die Strickwaren zuzusenden.

24. Am 30. September 19.. meldet Alfred Krause, Riesa a/E., der Chemnitzer Tricotagenfabrik, A.-G., dass er den Fakturenbetrag bei der Reichsbank angewiesen habe.

25. Am 2. Oktober 19.. quittieren die Chemnitzer Tricotagenfabrik, A.-G., Chemnitz i. S., über den Empfang des Geldes.

18.

Alfred Krause.
Telephon No. 13.

Riesa a/E., den 1. August 19..

Chemnitzer Tricotagenfabrik, A.-G., Chemnitz.

Unter Bezugnahme auf die soeben gehabte telephonische Besprechung wiederhole ich hiermit den Ihnen erteilten Auftrag auf:

100 Dtzd. Strümpfe No. 246 à M. 3,—
150 „ „ „ 316 à „ 3,50

lieferbar per Ende September, gegen 30 Tage Ziel bei 2 % Skonto; Verpackung franko.

Die Sendung belieben Sie wie bisher zur Verfügung der Herren J. Schneider & Co., dort, zu halten, denen ich s. Z. Versandauftrag erteilen werde.

Sorgfältigster Ausführung meines Auftrags, dessen umgehende Bestätigung ich mir erbitte, gewärtig, zeichne ich

hochachtungsvoll

Alfred Krause.

19.

Chemnitzer Tricotagenfabrik, A.-G.,
Chemnitz.
Girokonto bei der Reichsbank.
Girokonto bei der Sächs. Bank.
Telegrammadresse: Tricotnolte.
Telephonanschluss No. 416.

Chemnitz, den 2. August 19..

Herrn Alfred Krause, Riesa a/E.

Hierdurch bestätigen wir Ihnen dankend den uns gestern erteilten Auftrag auf:

100	Dutzend Strümpfe	No. 246	à M.	3,—
150	„ „	„ 316	à „	3,50

per Ende September, gegen Kasse mit 2 % Skonto.

Wir werden die Bestellung sorgfältig ausführen und halten uns für ferneren Bedarf bestens empfohlen.

Hochachtungsvoll

Chemnitzer Tricotagenfabrik, A.-G.
Richard Nolte.

20.

Chemnitzer Tricotagenfabrik, A.-G.,
Chemnitz.
Girokonto bei der Reichsbank.
Girokonto bei der Sächs. Bank.
Telegrammadresse: Tricotnolte.
Telephonanschluss No. 416.

Chemnitz, den 25. September 19..

Herrn Alfred Krause, Riesa a/E.

Den uns am 1. August a. c. gütigst erteilten Auftrag haben wir bestens ausgeführt und die Ware ordnungsgemäss zur Verfügung von J. Schneider & Co., hier, gestellt.

Anbei finden Sie Rechnung darüber, deren Betrag von

M. 825,—

Sie uns gefl. gutbringen wollen.

Wir danken für das uns geschenkte Vertrauen und bitten, uns auch ferner damit beehren zu wollen.

Hochachtungsvoll

Chemnitzer Tricotagenfabrik, A.-G.
Richard Nolte

21.

Chemnitzer Tricotagenfabrik, A.-G.
Chemnitz.
Girokonto bei der Reichsbank.
Girokonto bei der Sächs. Bank.
Telegrammadresse: Tricotnolte.
Telephonanschluss No. 416.

Chemnitz, den 25. September 19..

Rechnung

für Herrn Alfred Krause, Riesa a/E.
von Chemnitzer Tricotagenfabrik, A.-G.

		M.	Pf.	M.	Pf.
Gerichtsstand Chemnitz.	Wir sandten Ihnen für Ihre werte Rechnung und Gefahr durch J. Schneider & Co., hier:				
Str.-Fol. 17. Komm.-No. 196.	100 Dtzd. Strümpfe No. 246 à	3	—	300	—
	150 „ do. „ 316 „	3	50	525	—
	Ziel 30 Tage. 2% Skonto.			825	—

Alle unsere Waren reisen ab Abgangsstation auf Gefahr des Empfängers. Reklamationen haben innerhalb 8 Tagen zu erfolgen, andernfalls lehnen wir jede Verbindlichkeit ab.

22. (Postkarte.)

J. Schneider & Co., Chemnitz.

ersuchen um Verfügung über:

1 Kiste Strickwaren
von Sendung der Chemnitzer Tricotagenfabrik, A.-G.

Chemnitz i. S., 26./9. 19 . .

Hochachtungsvoll
J. Schneider & Co.

(*Kopierfähig.*)

23.

Speditions-Auftrag für J. Schneider & Co., Chemnitz.

Sie wollen abholen und wie nachstehend expedieren:

Marke	*No.*	*Zahl*	*Kolli*	*Inhalt*	*Gewicht Kilo* *Brutto*	*Gewicht Kilo* *Netto*	*Empfänger*	*Bemerkungen wegen Art der Beförderung, Assekuranz etc.*
A. N.	5100	1	Kiste	Strickwaren	300,—	270,—		p. Frachtgut ohne Assekuranz.

Diese Kiste hält die Chemnitzer Tricotagenfabrik, A.-G., zu Ihrer Verfügung. Ich ersuche Sie, mir dieselbe schleunigst nach hier senden zu lassen.

Riesa a/E., den 27./9. 19 .. *Firma: Alfred Krause.*

Es wird gebeten, sich zu Speditions-Aufträgen ausschliesslich meiner vorliegenden Formulare bedienen zu wollen. Auf gefällige Notiz stehen Formulare jederzeit zur Verfügung.

24.

Alfred Krause.
Telephon No. 13.

Riesa a/E., den 30. September 19..

Chemnitzer Tricotagenfabrik, A.-G., Chemnitz.

Durch Reichsbankgirokonto überwies ich Ihnen heute:

	M. 808,50, die Sie zuzüglich
2 % Skonto	„ 16,50
	M. 825,—

zum Ausgleich Ihrer Rechnung vom 25. d. M. verwenden wollen.
Ich bitte, mir den Empfang zu bestätigen.

Hochachtungsvoll

Alfred Krause.

25.

Chemnitzer Tricotagenfabrik, A.-G.,
Chemnitz.
Girokonto bei der Reichsbank.
Girokonto bei der Sächs. Bank.
Telegrammadresse: Tricotnolte.
Telephonanschluss No. 416.

Chemnitz, den 2. Oktober 19 ..

Herrn Alfred Krause, Riesa a/E.

Wir empfingen Ihr Geehrtes vom 30. September a. c. und haben den uns durch Reichsbank überwiesenen Betrag von:

	M. 808,50
zuzüglich 2 % Skonto	„ 16,50
	M. 825,—

zum Ausgleich unserer Faktur vom 25. September verwendet.
Ihren weiteren Aufträgen gern entgegensehend, zeichnen wir

Hochachtungsvoll

Chemnitzer Tricotagenfabrik, A.-G.
Richard Nolte.

Spielwaren.

26. u. 27. Am 10. Dezember 19 . . bestellt Emil Sanders, Hannover, durch brieflich bestätigtes Telegramm bei R. Frank & Söhne, Sonneberg, 10 Dutzend Puppen.

28. Am 11. Dezember 19 . . sichern R. Frank & Söhne, Sonneberg in Thüringen, pünktliche Ausführung der Bestellung zu.

29. Am 17. Dezember 19 . . übersenden R. Frank & Söhne, Sonneberg, Fakturenbrief; die Puppen sind in 5 Postpacketen verschickt worden, der Rechnungsbetrag soll bei Vereinsbank, Hannover, eingezahlt werden.

30. Am 17. Dezember 19 . . beauftragen R. Frank & Söhne, Sonneberg, die Vereinsbank, Hannover, den Rechnungsbetrag bei Reichsbankstelle Erfurt für sie einzuzahlen.

31. Am 28. Dezember 19 . . benachrichtigt Emil Sanders, Hannover, die Lieferanten, dass er den Rechnungsbetrag bei Vereinsbank, Hannover, hinterlegt hat.

32. Am 28. Dezember 19 . . quittiert Vereinsbank, Hannover, auf Formular über den empfangenen Rechnungsbetrag.

26.

Depesche unter dem Datum 10. Dezember 19 . .

Puppenfrank Sonneberg.

Sendet postwendend zehn Dutzend Puppen 712.

Sanders.

27.

Hannover, den 10. Dezember 19 . .

Herren R. Frank & Söhne, Sonneberg.

Ich bestätige mein heutiges Telegramm:

„Sendet postwendend zehn Dutzend Puppen 712“

Die Ware muss spätestens am 18. d. M. hier eintreffen; andernfalls bitte ich die Zusendung zu unterlassen.

Achtungsvoll

Emil Sanders.

28.

Sonneberg, den 11. Dezember 19 . .

Herrn Emil Sanders, Hannover.

Ihren gefälligen Auftrag vom 10. d. M. auf:
10 Dutzend Puppen 712
haben wir vorgemerkt und werden Ihnen die Sendung rechtzeitig zugehen lassen.

Stets gern zu Ihren Diensten

Hochachtungsvoll

ppa. R. Frank & Söhne
R. Welter.

29.

Telephon No. 2614.
Depeschenadresse: Puppenfrank.
Girokonto: Reichsbankstelle Erfurt.

Sonneberg, den 17. Dezember 19 . .

R. Frank & Söhne.
Herrn Emil Sanders, Hannover.

Reklamationen werden nur 8 Tage nach Empfang der Ware berücksichtigt.
Konditionen: 4 Monat; per Kasse mit 3% Skonto, franko hier.

Kistenzeichen	*Gross*	*Dutzend*	*Stück*	*Wir senden Ihnen für Ihre Rechnung und Gefahr durch:*		*Zahlbar in Erfurt*				
				die Post						
				5 Packete mit Adresse						
		10		Puppen 712	M.	3	30	—		
				10% Skonto	„		3	—		
					M.		27	—		
				Packung	„		1	—		
				Porto	„		2	50	M.	30 50
				zur gefl. Gutschrift.						

Den Betrag belieben Sie wie früher bei Vereinsbank Hannover für unsere Rechnung zu erlegen.

Wir bitten um baldige Erneuerung Ihrer geschätzten Aufträge und empfehlen uns

Hochachtungsvoll

R. Frank & Söhne.

30.

Sonneberg, den 17. Dezember 19 . .

Vereinsbank, Hannover.

Herr Emil Sanders, dort, wird demnächst für unsere Rechnung bei Ihnen einen kleineren Betrag erlegen, den Sie gefl. mit der Reichsbankstelle Erfurt zu unseren Gunsten verrechnen wollen.

Hochachtungsvoll

R. Frank & Söhne.

31.

Hannover, den 28. Dezember 19 . .

Herren R. Frank & Söhne, Sonneberg.

Zum Ausgleich der mir am 17. Dezember a. c. gesandten Rechnung erlegte ich heute bei der hiesigen Vereinsbank:

	M.	29,60
die Sie zuzüglich 3 % Skonto	„	—,90
mit	M.	30,50

zur Entlastung meines Kontos verwenden wollen.

Achtungsvoll

Emil Sanders.

32.

Vereinsbank, Hannover.

No. 116 A — *Für M.* 29,60

Hannover, 28. Dezember 19 . .

Wir beehren uns, Ihnen doppelt *nur für einfach giltig anzuzeigen, dass uns heute von*

Herrn Emil Sanders, hier

im Auftrage und für Rechnung } Ihre eigene

Mark Neunundzwanzig $^{60}/_{100}$

erlegt wurden, welche wir Ihnen unter besonderer Aufgabe gutbringen.

Hochachtungsvoll

Vereinsbank.

Wilk. Klein.

Herren R. Frank & Söhne, Sonneberg.

Kunstblumen.

33. Die Anmeldung des Geschäftsreisenden der Fabrik künstlicher Blumen Gebrüder Werner, München, erfolgt durch Postkarte mit Firma ohne weiteren Text.

34. Am 10. Mai 19 . . berichtet der auf der Tour befindliche Reisende der Firma Gebrüder Werner über die geschäftlichen Ergebnisse der letzten Tage und übersendet einen Orderzettel, der die Kommissionsnummer 413 trägt.

35. Am 15. Mai übersenden Gebrüder Werner, München, Rechnung an Anna Lange, Regensburg; den Betrag erheben sie zugleich mit der Sendung durch Postnachnahme.

36. Am 15. Mai bestätigen Gebrüder Werner, München, ihrem Reisenden den Reisebericht vom 10. Mai nach Freising und beauftragen ihn, Erkundigung über eine Kundin einzuziehen.

33.

Datum des Poststempels.

Reise-Avis

von

Gebrüder Werner,

Fabrik künstlicher Blumen.

Frühlings-Str. 9. *München.* *Frühlings-Str. 9.*

34.

Gebrüder Werner,
Kunstblumenfabrik.

Regensburg, den 10. Mai 19 . .

Herren Gebrüder Werner, München.

Ich empfange soeben Ihr gestriges Schreiben, dessen Inhalt ich mir dienen lasse, und schätze Sie im Besitz meiner Briefe vom 8. und 9. d. M. nebst Anlagen Kommissionsnoten No. 407—415.

Leider war es mir nicht möglich, bei Fräulein Lange, hier, Zahlung für unsere letzte Sendung zu erlangen. Da diese Kundin ein sehr gutes Geschäft am Platze macht, empfehle ich, den neuen Auftrag (Orderzettel No. 413) gleichwohl auszuführen und bei Zusendung den Betrag der rückständigen Rechnung durch Postnachnahme mit zu erheben.

Fräulein Lange ist mit diesem Vorschlag, durch welchen ja ein weiteres Risiko nicht entsteht, einverstanden.

An Kasse vereinnahmte ich:

bei Ottilie Haller	M.	312,50
„ Clara Otto	„	133,—
die ich mit	M.	445,50

bei der hiesigen Reichsbankstelle einzahlte.

Fräulein Otto hat M. 3,70 am Rechnungsbetrag gekürzt, damit ist die Differenz bezüglich der Sendung vom 23. November ausgeglichen.

Bei Fräulein Weber konnte ich trotz aller Bemühungen keinen Auftrag erlangen. Ihr Geschäft ist schnell bei der besseren Kundschaft beliebt geworden und erfreut sich lebhaften Zuspruchs. Für die nächste Tour hat sie mir eine grössere Bestellung fest zugesagt.

Im allgemeinen ist das Geschäft flau, wenig Kauflust.

Meine Adresse von Freitag bis Sonntag: Amberg (Drei Könige).

Orderzettel 413

Hochachtungsvoll ergebenst

Karl Berger.

Komm.-No. 413

Gebrüder Werner,
München.

Lieferbar per sofort.

Nachnahme zuzüglich des früheren Rechnungsbetrags.

Fräulein Anna Lange, Regensburg.

1007	20	Gross	à	2,60	M.
1114	10	„	à	—,80	„
1170	10	„	à	2,10	„
1301	10	Dtzd.	à	2,60	„
780	6	Stück	à	1,—	„
172	6	„	à	—,90	„

35.

München, den 15. Mai 19..

Gebrüder Werner.

Rechnung für Fräulein Anna Lange, Regensburg.

Sie empfangen für Ihre werte Rechnung und Gefahr durch Post:

1 Kistchen G. F. M. No. 5643

20	Gross Maiblumen	1007	à	2,60	52,—
10	„ Veilchen	1114	à	—,80	8,—
10	„ Vergissmeinnicht	1170	à	2,10	21,—
10	Dtzd. Rosen	1301	à	2,60	26,—
6	Stück Zweige	780	à	1,—	6,—
6	„ „	172	à	—,90	5,40
	Porto	. . . .			—,60
	Kiste	. . . .			—,75
					M. 119,75
				2%	„ 2,40
				netto	M. 117,35

durch Nachnahme.

Wir sandten Ihnen heute mit gleicher Post die uns durch unseren Herrn K. Berger gütigst bestellten Waren in bester Ausführung und hoffen gern, dass die Sachen Ihren vollen Beifall finden. Ihrem Wunsche gemäss ging die Sendung per Nachnahme in Höhe von M. 182,85 an Sie ab, womit zugleich unsere Rechnung vom 18. Dezember 19 .. beglichen ist.

Sollten Sie noch etwas in Agraffen, Posen, Straussfedern etc. benötigen, so stehen wir Ihnen auch mit Auswahlsendungen jederzeit gern zu Diensten.

Wir bitten Sie, uns bei neuem Bedarf mit Ihren weiteren Aufträgen zu beehren und zeichnen

Hochachtungsvoll

Gebrüder Werner.

☞ Nach Muster bestellte Ware wird nicht zurückgenommen. Reklamationen, welche später als 3 Tage nach Empfang der Ware gemacht werden, können wir nicht berücksichtigen. ☜

36.

Gebrüder Werner,
Kunstblumenfabrik.

München, den 15. Mai 19..

Herrn Karl Berger, z. Z. Freising.

Ihrem Briefe vom 10. d. M. entfalteten wir:

Orderzettel No. 413,

den wir sofort erledigten, und bemerkten uns, dass Sie bei der Reichsbankstelle Regensburg

M. 445,50

für uns erlegten, die wir Ihrem Reisekonto gutschrieben.

Die Ihnen seitens „Kreditreform" über Wwe. Müller/Straubing erteilte Auskunft lautet ungleich günstiger als die im Original beifolgende Mitteilung der Auskunftei Schimmelpfeng.

Wir bitten, die Sache eingehend zu prüfen und uns ausführlich mitzuteilen, was Sie selbst von der Kreditwürdigkeit der betreffenden Firma halten.

Ab morgen adressieren wir: „Drei Könige", Amberg.

Achtungsvoll

Gebrüder Werner.

Petroleum.

37./38. Am 8. Mai 19.. bestellt Hermann Ritter, Agent der Deutsch-Amerikanischen Petroleum-Gesellschaft (Telegrammadresse Petrol) in Hamburg zwei Posten Petroleum, von denen der eine loco, der andere im Monat Juli, beide ab Lager der Gesellschaft in Riesa a/E., zu liefern sind. Die Bestellung erfolgt telegraphisch auf Grund der von der Gesellschaft an ihre Agenten ausgegebenen Offertenliste; am gleichen Tage wird die Depesche brieflich bestätigt und dem Brief die Kommissionsnota No. 923 beigelegt.

39. Am 8. Mai 19.. bekennt sich die Deutsch-Amerikanische Petroleum-Gesellschaft in Hamburg ihrem Leipziger Agenten gegenüber brieflich zum Empfang der Depesche. Sie legt den Schlussschein No. 726 über das per Juli abgeschlossene Termingeschäft in zwei Exemplaren zur Vollziehung bei.

40. Am 9. Mai 19.. weist die Direktion in Hamburg ihre Verladestelle in Riesa i. S. an, 2 Cisternen Petroleum zu Emil Wallners Verfügung zu halten.

41. Am 9. Mai 19.. weist Emil Wallner, Leipzig, die Verladestelle Riesa an, von den bestellten 2 Cisternen eine nach Leipzig, Dresdner Bahnhof, die andere an Friedrich Schulze, Freiberg i. S., abzusenden.

42. Am 11. Mai 19.. meldet die Ladestelle Riesa nach Hamburg, dass der Auftrag Wallner vom 9. Mai erledigt ist und giebt gleichzeitig Gewicht und Wagennummer der nach Leipzig und Freiberg i. S. abgesandten Cisternen an.

43. Am 12. Mai 19.. übersendet die Gesellschaft dem Agenten Rechnung über das Locogeschäft.

44. Am 17. Mai 19.. übersendet Emil Wallner dem Agenten die acceptierte Tratte.

37.

Depeschenformular, d. d. 8. Mai 19..

Petrol Hamburg. Wallner zwei Cisternen loco und achtzig Barrels Juli Riesa.

Ritter.

38.

Leipzig, den 8. Mai 19..

An die

Deutsch-Amerikanische Petroleum-Gesellschaft, Hamburg.

Ich bestätige mein heutiges Telegramm: „Wallner zwei Cisternen loco und achtzig Barrels Juli Riesa“ und behändige Ihnen beiliegend über diesen Verkauf Kommissionsnota Order No. 923 zur geneigten Bedienung.

Hochachtungsvoll

Hermann Ritter.

1 Anlage
Kommissionsnota

Leipzig, den 8. Mai 19..

Kommissionsnota

für die Deutsch-Amerikanische Petroleum-Gesellschaft, Hamburg

von Hermann Ritter.

Order No.	*Quantum*	*Qualität*	*Besteller*	*Ort und Zeit der Lieferung*	*Preis*	*ab Lager*
923	2 Cisternen 80 Barrels	standard white	Emil Wallner, Leipzig	loco Juli	7,10 7,05	Riesa Riesa

39.

Deutsch-Amerikanische Petroleum-Gesellschaft.

Hamburg, den 8. Mai 19..

Herrn Hermann Ritter, Leipzig.

Wir empfingen soeben Ihre Depesche: „Wallner zwei Cisternen loco und achtzig Barrels Juli Riesa“.

Auf Grund dieses Telegramms haben wir bei unserer Verladestelle in Riesa zur Verfügung des Herrn Wallner:

2 Cisternen standard white, loco

angewiesen.

Über den kleinen Terminverkauf behändigen wir Ihnen einliegend Schlussschein zur Auswechslung.

Die Preise unserer letzten Offertenliste bleiben für morgen unverändert.

Hochachtend

Anlage / Schlussschein

Deutsch-Amerikanische Petroleum-Gesellschaft.

Otto.

Deutsch-Amerikanische Petroleum-Gesellschaft.

Schluss-Schein.

No. 726. *Hamburg,* den 8. Mai 19..

Herrn Emil Wallner, Leipzig.

Wir verkauften Ihnen durch Herrn Hermann Ritter, dort:

80 Barrels *amer. stand. white Petroleum*

nicht unter 21 Celsius Entflammungspunkt nach Abel bei 760 mm Barometerstand.

Lieferung:

im Juli à M. 7,05

transito frei ab Riesa. Riesaer Gewicht,

per 50 Kilo Netto, gegen 1 Monat Accept, zahlbar an einem deutschen Reichsbankplatze oder per Kassa mit $^5/_{12}$ % Diskont nach unserer Wahl.

Die Verladung geschieht in ~~Ihren~~ unseren *Bassinwagen gegen eine Miete von M. 3.— per Tag und Wagen vom Datum der Füllung bis zum Datum des Wiedereintreffens an der Abgangsstation.*

Versanddispositionen haben Sie uns im Laufe des betreffenden Monats zu erteilen.

Belieben Sie uns die anhängende Bestätigung mit Ihrer Unterschrift versehen prompt zurückzusenden.

Hochachtend

Deutsch-Amerikanische Petroleum-Gesellschaft.

Otto.

....

Bestätigung.

Ich *bestätige* meine *Übereinstimmung mit obigem Schluss-Schein.*

Emil Wallner.

40.

Hamburg, den 9. Mai 19..

An die

Deutsch-Amerikanische Petroleum-Gesellschaft,
Verladestelle Riesa.

Belieben Sie, Herrn Emil Wallner in Leipzig
2 Cisternen stand. white per sofort
zur Verfügung zu halten.

Hochachtend

Deutsch-Amerikanische Petroleum-Gesellschaft.

Otto.

41.

Leipzig, den 9. Mai 19..

An die

Verladestelle Riesa der Deutsch-Amerikanischen Petroleum-Gesellschaft,
Riesa.

Hamburg wird Ihnen zwei Cisternen stand. white für mich angewiesen haben. Eine davon wollen Sie gefl. nach hier, Dresdner Bahnhof, transito, absenden. Die andere soll verzollt an die Firma Friedrich Schulze in Freiberg i. S. abgehen.

Hochachtend

Emil Wallner.

42.

Deutsch-Amerikanische Petroleum-Gesellschaft.
Verladestelle Riesa.

Riesa i. S., den 11. Mai 19..

Wagen No.	Quantität	Qualität	Gewicht: Bo. kg	Ta. kg	Netto kg	Bestimmungsort	Besteller
R. T. 7	1 Cisterne	stand. white	18430	8368	10062	Leipzig	Wallner
R. T. 8	1 Cisterne	stand. white	17340	7308	10032	Freiberg i. S.	Wallner

43.

Deutsch-Amerikanische Petroleum-Gesellschaft.

Hamburg, den 12. Mai 19..

Herrn Hermann Ritter, Leipzig.

In der Anlage überreichen wir Ihnen Faktura über die an Herrn Emil Wallner, dort, ab Riesa a/E. verladenen 2 Cisternen stand. white zu gefl. weiterer Veranlassung.

Hochachtend

Deutsch-Amerikanische Petroleum-Gesellschaft.

Otto.

1 Anlage
Faktur

Deutsch-Amerikanische Petroleum-Gesellschaft.

Hamburg, den 12. Mai 19..

Herrn Emil Wallner, Leipzig.

Wir haben das Vergnügen, Ihnen über die uns
durch Herrn Hermann Ritter dort
gefl. beorderten
2 Cisternen amer. stand. white Petroleum R. T.
umstehend mit Faktura aufzuwarten, gegen deren Belauf Sie unsere Tratte

M. 3629,75 *einen Monat dato, Order eigene bei Vorkommen gütigst honorieren wollen.*

Ihren ferneren Aufträgen gern entgegensehend, zeichnen

hochachtend

Deutsch-Amerikanische Petroleum-Gesellschaft.

Otto.

Faktura

über

für Ihre werte Rechnung ab Riesa verladene

	2 Cisternen am. stand. white Petroleum R. T.			
Wagen No. 7	Bo. 18430 Ta. 8368 Netto 10062 kg			
Wagen No. 8	Bo. 17340 Ta. 7308 Netto 10032 kg			
	Netto 20094 kg			
	à M. 7,10 transito	M.	2853	35
	Zoll auf 10 032 kg (für Freiberg) + 29% 2 908 „ à 6,—	„	776	40
		M.	3629	75

[Die Tratte wird dem Käufer gleichzeitig mit der Faktura übergeben; dieser acceptiert sie und sendet sie sodann dem Agenten.]

44.

Herrn Hermann Ritter, Hier.

Leipzig, den 17. Mai 19..

Zum Ausgleich der Rechnung Ihrer Gesellschaft vom 12. Mai d. J. übersende ich Ihnen anbei die mit meinem Accept versehene Tratte:

M. 3629,75 per 12./6. d. J.

zu meiner Entlastung.

Hochachtend

Emil Wallner.

Leinwand.

45. Die Westfälische Leinenweberei, Gesellschaft mit beschränkter Haftung in Bielefeld, zeigt durch Zirkular an, dass sie für die Provinz Westfalen einen neuen Agenten, Felix Bertram, Minden, bestellt haben.

46. Am 11. März 19.. übersendet Felix Bertram, Minden, der von ihm vertretenen Firma die ersten Aufträge.

47. Am 12. März 19.. bestätigt die Westf. Leinenweberei, Bielefeld, den Eingang der Orders und stellt ihrem Agenten verschiedene Lagerware zu billigerem Preise an.

48. Am 14. März 19.. empfiehlt der Agent die ihm angestellten Waren als Gelegenheitskauf an Max Ernst, Herford.

49. Am 15. März 19.. fordert Max Ernst, Herford, eine Preisherabminderung und Hinausschiebung des Zahlungstermins.

50. Am 16. März 19.. bedauert Felix Bertram, Minden, im Preise nichts nachlassen zu können, gewährt aber 3 Monat Ziel und verlangt umgehende Entschliessung.

51. Am 18. März 19.. bittet Max Ernst, Herford, um Zusendung der Ware.

52. Am 20. März 19.. überreicht die Weberei Bielefeld dem Käufer die Rechnung.

53. Am 1. Mai 19.. sendet Max Ernst, Herford, den Rechnungsbetrag abzüglich 2% Skonto ein.

54. Am 2. Mai 19.. bestätigt die Weberei Bielefeld den Empfang des Geldes und bittet um fernere Aufträge.

45.

Bielefeld, Datum des Postempels.

P. P.

Wir beehren uns, Ihnen die ergebene Mitteilung zu machen, dass wir uns veranlasst gesehen haben, einen Wechsel in der Leitung unseres Mindener Hauses vorzunehmen und von nun ab

Herrn Felix Bertram

mit der Führung unserer Geschäfte in der Provinz Westfalen beauftragt haben.

Genannter Herr wird Ihnen demnächst unsere neuesten Musterbücher vorlegen, um Ihre Aufträge darauf entgegenzunehmen.

Hochachtungsvoll

Westfälische Leinenweberei, G. m. b. H.
Albert Hess.

46.

Minden, den 11. März 19..

An die

Westfälische Leinenweberei, G. m. b. H., Bielefeld.

Soeben von meiner ersten Tour zurückgekehrt, überreiche ich Ihnen die mir gewordenen Aufträge 1—4 zur gefl. Erledigung.

Hochachtungsvoll
Felix Bertram.

4 Orders

47.

Westfälische Leinenweberei, G. m. b. H.

Bielefeld, den 12. März 19..

Herrn Felix Bertram, Minden.

Ihrem Gestrigen entfalteten wir Kommissionen 1—4, die wir vorschriftsgemäss erledigen.

An Lager befinden sich:

230 Dtzd. ungeklärte rein leinene Jacquard-Handtücher, 50 × 130, Qualität 111,

die wir bei Abnahme des Postens mit 6,75 netto Kasse abgeben, und

12 Stück geklärtes Hausleinen, 79 breit, Qualität 180.

Diese Stücke sind etwas streifig ausgefallen, wir geben sie Ihnen mit M. 3,50 per Stück unter Liste an die Hand.

Da der Fehler kaum bemerkbar ist, dürfte es Ihnen nicht schwer fallen, Nehmer zu finden.

Achtungsvoll
Westfälische Leinenweberei, G. m. b. H.
Albert Hess.

48.

Minden, den 14. März 19..

Herrn Max Ernst, Herford.

Soeben wurden mir von meinem Hause

ca. 230 Dtzd. ungeklärte rein leinene Jacquard-Handtücher, 50 × 130, Qualität 111, zu dem ausserordentlich billigen Preise von M. 6,75 netto Kasse bei Abnahme des ganzen Quantums angestellt.

Das Sortiment besteht aus 5 Mustern.

Da ich aus dem früheren Briefwechsel mit Ihrer w. Firma ersehe, dass Sie öfter ähnliche Qualität von uns bezogen haben, so erlaube ich mir, Ihnen diesen äusserst vorteilhaften Posten als Gelegenheitskauf zu empfehlen und übersende Ihnen je ein Probedutzend durch Post.

Ebenso offeriere ich Ihnen einen Rest von 180 St. gebleicht rein leinen Damasttischtüchern, 130 × 170, Qualität 96, in einem Dessin, die ich Ihnen äusserst à M. 6,25 netto Kasse liefern würde.

Auf Wunsch könnte ich Ihnen zum Dessin passende Servietten, 65 × 65, zu M. 11,75 netto Kasse, abgeben.

Ihrer gefl. umgehenden Entscheidung sehe ich gern entgegen und zeichne

hochachtend

Felix Bertram.

49.

Max Ernst, Herford.

Herford, den 15. März 19..

Herrn Felix Bertram, Minden.

Im Besitz Ihrer gefl. Offerte vom 14. d. M. bin ich nicht abgeneigt, den angestellten Posten Handtücher zu übernehmen, wenn Sie mir dieselben mit M. 6,60 überlassen und ausserdem 3 Monat Ziel gewähren.

Mein Lager in Tischzeug ist hinreichend sortiert; ich bedaure deshalb, für Ihre weitere Offerte keine Verwendung zu haben.

Umgehender Antwort gern gewärtig, zeichnet

Hochachtungsvoll

Max Ernst.

50.

Minden, den 16. März 19..

Herrn Max Ernst, Herford.

Im Besitze Ihres gestrigen Schreibens bedauere ich, Ihnen nach nochmaliger Kalkulation das Handtuch nicht anders als zu M. 6,75 erlassen zu können. Dagegen bin ich bereit, Ihnen diesen Preis ausnahmsweise netto 3 Monat, anstatt netto Kasse anzustellen.

Ich bitte um Ihre umgehende Erklärung, da ich die Handtücher auch anderweit angestellt habe.

Hochachtungsvoll

Felix Bertram.

51.

Max Ernst, Herford. Herford, den 18. März 19..

Herrn Felix Bertram, Minden.

Im Besitze Ihres Briefes vom 16. d. M. ersuche ich Sie, mir als Frachtgut:

230 Dtzd. Handtücher à 6,75 M. netto 3 Monat.

in Qualität und Farbe genau der mir am 14. d. M. durch die Post zugegangenen Probe entsprechend, zu übersenden.

Umgehender Erledigung gern gewärtig, zeichne ich

Hochachtungsvoll

Max Ernst.

52.

Westfälische Leinenweberei, G. m. b. H.

Bielefeld, den 20. März 19..

Herrn Max Ernst, Herford.

W. S. W. 1113—1116	230	*Wir sandten Ihnen in* gewöhnlicher *Fracht durch* Spediteur Otto Müller, hier, in 4 Kisten: Dtzd. 50 × 130 ungekl. Jacquard-Handtücher . . . . Dtzd. 30 Tage 2% 90 „ netto.	6,75 netto	1552	50

53.

Max Ernst, Herford.

Herford, den 1. Mai 19..

An die

Westfälische Leinenweberei, G. m. b. H., Bielefeld.

Als Ausgleich Ihrer Rechnung vom 20. März a. c. überreiche ich Ihnen beiliegend:

	M. 1521,45	in Bar, die Sie mir
zuzüglich	„ 31,05	2 % Skonto
mit	M. 1552,50	gutbringen wollen.

Hochachtungsvoll

Max Ernst.

Beiliegend:	M. 1520,—	in Papiergeld
	„ 1,45	in Briefmarken
	M. 1521,45	

54.

Westfälische Leinenweberei, G. m. b. H.

Bielefeld, den 2. Mai 19..

Herrn Max Ernst, Herford.

Ihrem gestrigen Schreiben entnahmen wir:

	M. 1521,45	in Bar, die wir
zuzüglich	„ 31,05	2 % Skonto
mit	M. 1552,50	

zum Ausgleich unserer Rechnung vom 20. März d. J. verwendeten.

Ihren ferneren Aufträgen uns bestens empfohlen haltend, zeichnen wir

Hochachtungsvoll

Westfälische Leinenweberei, G. m. b. H.

Albert Hess.

Erkundigung und Mahnung.

55. Am 6. April 19.. ersucht Emil Held in Braunschweig die Firma Rudolph Reh in Wolfenbüttel um baldige Einsendung eines fälligen Rechnungsbetrags.

56. Am 6. April 19.. erkundigt sich Emil Held in Braunschweig bei seinen Geschäftsfreunden A. Feller & Co., Wolfenbüttel, nach der Kreditwürdigkeit seines Schuldners.

57. Am 9. April 19.. empfehlen A. Feller & Co., Wolfenbüttel, energisches Vorgehen gegen den Schuldner.

58. Am 10. April 19.. zeigt Emil Held, Braunschweig, seinem Schuldner an, dass er den Rechnungsbetrag zuzüglich Verzugszinsen und Spesen durch Postnachnahme erheben werde.

59. Am 13. April 19.. schickt Emil Held, Braunschweig, Postnachnahmekarte über den Rechnungsbetrag an Rudolph Reh in Wolfenbüttel ein.

60. Am 16. April 19.. verlangt Emil Held, Braunschweig, zur Vermeidung gerichtlicher Klage Zahlung.

61. Am 17. April 19.. schlägt Rudolf Reh, Wolfenbüttel, vor, sein von Falb & Co., Helmstedt, indossiertes Accept in Zahlung nehmen zu wollen.

62. Am 18. April 19.. erklärt sich Emil Held, Braunschweig, mit dieser Form der Anschaffung einverstanden.

63. Am 20. April 19.. übersendet Rudolf Reh, Wolfenbüttel, das Accept und bittet um Entlastung.

64. Am 21. April 19.. bekennt sich Emil Held, Braunschweig, zum Empfang des Wechsels und quittiert unter dem üblichen Vorbehalt über seine Forderung.

55.

Emil Held, Braunschweig. Braunschweig, den 6. April 19..

Herrn Rudolf Reh, Wolfenbüttel.

Bei Durchsicht meiner Bücher finde ich Ihr Konto noch immer mit dem Betrag meiner Rechnung vom 15. Oktober v. J.

M. 496,75 per 15./12. v. J.

belastet.

Unter dem 15. Februar d. J. erlaubte ich mir bereits, Sie auf den rückständigen Posten aufmerksam zu machen; eine Antwort ist mir nicht zugegangen.

Da das Ihnen eingeräumte Ziel seit längerer Zeit überschritten ist, ersuche ich Sie um recht baldige Begleichung dieser Summe und zeichne

Achtungsvoll

Emil Held.

56.

Emil Held, Braunschweig. Braunschweig, den 6. April 19..

Herren A. Feller & Co., Wolfenbüttel.

Ich gestatte mir heute, Ihre Gefälligkeit in Anspruch zu nehmen, indem ich Sie bitte, mir über den Ruf und die Kreditwürdigkeit der auf dem beiliegenden Zettel verzeichneten Firma eine möglichst genaue Auskunft zu erteilen.

Der in Frage Stehende ist ein langjähriger Kunde meines Hauses und hat früher stets pünktlich reguliert. Eine ihm bereits im Februar d. J. übersandte Mahnung hat er dagegen unbeantwortet gelassen. Das Objekt beträgt annähernd 500 M.

Sie wollen sich diskretester Benutzung Ihrer gefl. Mitteilungen versichert halten.

Zu Gegendiensten stelle ich mich Ihnen stets gern zur Verfügung.

Hochachtungsvoll

Hmil Held.

Anlage
1 Adresse.

57.

Feller & Co., Wolfenbüttel. Wolfenbüttel, den 9. April 19..

Herrn Emil Held, Braunschweig.

Im Besitz Ihres Briefes vom 6. d. M. teilen wir Ihnen zu gefl. diskreter Benutzung und ohne jede Gewähr unsererseits mit, dass in neuerer Zeit öfter über langsame Zahlung der in Frage stehenden Firma geklagt wird.

Es scheint, dass der sonst sehr tüchtige und fleissige Inhaber sich über seine Kräfte an industriellen Unternehmungen beteiligt hat, deren Rentabilität zu wünschen übrig lässt.

In Ihrem Interesse dürfte es liegen energisch vorzugehen, damit Ihnen nicht bei der immerhin gefährdeten Lage andere zuvorkommen.

Zur Zeit ist es recht wohl möglich, dass die sehr wohlhabenden Verwandten Ihres Schuldners etwas für ihn thun.

Wir stellen ergebenst anheim, von vorstehender Auskunft, ohne jede Verbindlichkeit unsererseits, den Ihnen geeignet erscheinenden Gebrauch zu machen und rechnen auf Ihre Verschwiegenheit.

Hochachtungsvoll

A. Feller & Co.

58.

Emil Held, Braunschweig. Braunschweig, den 10. April 19..

Herrn Rudolf Reh, Wolfenbüttel.

Da Sie meine Briefe vom 15. Februar und 6. April d. J. unbeantwortet gelassen haben, ersuche ich Sie hierdurch, den fälligen Rechnungsbetrag zuzüglich M. 8,25 Verzugszinsen à 5 %

mit M. 505,—

nunmehr innerhalb 3 Tagen zu begleichen.

Sollte ich bis zum 13. April d. J. nicht im Besitze des Geldes sein, so werde ich den Betrag zuzüglich 65 Pfennig Postgebühr durch Postnachnahme bei Ihnen einziehen lassen.

Zur Vermeidung von Weiterungen und Kosten wollen Sie meine Abgabe bei Vorkommen pünktlich einlösen.

Achtungsvoll

Emil Held.

59. (Postnachnahmekarte.)

Vorderseite.

10 Pf. Vorzeige-gebühr.	5 Pf. Porto.

Nachnahme: 505 M. 65 Pf.
wörtlich: Fünfhundertfünf M. 65 Pf.

Absender: Emil Held Braunschweig.

Herrn Rudolf Reh

in

Wolfenbüttel.

(*Rückseite.*)

Quittung über Mark 505,65

Von Herrn Rudolf Reh, Wolfenbüttel, mit Bezugnahme auf mein Schreiben vom 10./4. d. J.

Fünfhundertfünf Mark 65 Pf.

empfangen zu haben, bescheinigt hiermit

Braunschweig, den 13./4. 19..

Emil Held.

Falls aus irgend einem Grunde die Einlösung beim ersten Vorzeigen nicht erfolgt, so bleibt die Karte noch 6 Tage beim Postamt liegen und kann bis dahin deren Einlösung bewirkt werden.

60.

Emil Held, Braunschweig. Braunschweig, den 20. April 19..

Herrn Rudolf Reh, Wolfenbüttel.

Soeben erhalte ich meine Postnachnahmekarte vom 13. d. M. unbezahlt zurück.

Da Sie weder zahlen noch meine Zuschriften beantworten, so sehe ich mich nunmehr gezwungen, bei Gericht Klage gegen Sie anzustrengen.

Ich bedaure, dass unsere mehrjährige Geschäftsverbindung in so unerquicklicher Weise abgebrochen wird, aber Sie werden mir wohl zugeben, dass die Schuld nicht an mir liegt.

Achtungsvoll
Emil Held.

Einschreiben.

61.

Rudolf Reh, Wolfenbüttel. Wolfenbüttel, den 21. April 19..

Herrn Emil Held, Braunschweig.

Ich bitte sehr um Entschuldigung, dass ich Ihre verschiedenen Zuschriften und Mahnungen unbeantwortet liess und dadurch Ihren Entschluss veranlasste, klagbar gegen mich zu werden.

Ich habe in der letzten Zeit und ohne mein Verschulden schwere Verluste gehabt, die ich, um grösseres Unheil zu verhüten, sofort decken musste; dadurch bin ich verhindert worden, meinen laufenden Verpflichtungen gerecht zu werden.

Um der mir angedrohten gerichtlichen Klage vorzubeugen, hat sich mein Schwager Herr W. Falb, alleiniger Inhaber der Firma A. Falb & Co. in Helmstedt, bereit erklärt, ein 3 Monat-Accept, das ich Ihnen zur Deckung meiner Schuld von M. 496,75 zuzüglich Spesen und Zinsen einsenden würde, mit seinem Giro zu versehen.

Der Name der genannten Firma bürgt Ihnen für pünktlichen Eingang des Wechselbetrags; ich gebe mich deshalb der Hoffnung hin, dass Sie auf meinen Vorschlag eingehen und mich damit von einer schweren Sorge befreien werden.

Ich sehe Ihrer gefl. Zustimmung postwendend entgegen und werde Ihnen dann mein Accept umgehend einsenden.

Hochachtungsvoll
Rudolf Reh.

Einschreiben.

62.

Emil Held, Braunschweig. Braunschweig, den 22. April 19..

Herrn Rudolf Reh, Wolfenbüttel.

Den mir soeben mit Ihrem Gestrigen eingeschrieben zugehenden Vorschlag bin ich unter folgenden Bedingungen anzunehmen bereit:

Sie senden mir umgehend ein 3 Monat-Accept, in Höhe des seit 15./12. v. J. offenen Fakturenbetrags von M. 496,75, zuzüglich Verzugszinsen bis zum Fälligkeitstag des Acceptes und meiner Auslagen für Porti.

Dieses Accept muss das Giro der Firma A. Falb & Co. in Helmstedt tragen und spätestens bis 28. d. M. in meinen Händen sein.

Achtungsvoll

Emil Held.

63.

Rudolf Reh, Wolfenbüttel. Wolfenbüttel, den 24. April 19..

Herrn Emil Held, Braunschweig.

Für das mir mit Ihrem Geehrten vom 22. d. M. gewährte Entgegenkommen spreche ich Ihnen meinen verbindlichsten Dank aus.

In der Anlage überreiche ich Ihnen mein Accept auf:

M. 513,10 per 24./7. d. J. mit Giro A. Falb & Co.

laut unten folgender Aufstellung.

Mit der Bitte um Empfangsbestätigung und Entlastungsanzeige zeichne ich

Hochachtungsvoll

Rudolf Reh.

Fakturenbetrag per 15./12. v. J.	M. 496,75
Zinsen 15./12.—24./7. d. J., 221 Tage à 5 % . . .	„ 15,25
Portoauslagen	„ 1,10
per 24./7. d. J.	M. 513,10

Einschreiben.

64.

Emil Held, Braunschweig. Braunschweig, den 26. April 19..

Herrn Rudolf Reh, Wolfenbüttel.

Ihrem Einschreibebrief, datiert vom 24. April d. J., entfaltete ich:

M. 513,10 per 24./7. d. J., mit Giro A. Falb & Co.,

die ich, Eingang vorbehalten, zum Ausgleich Ihrer Rechnung vom 15. Dezember 19.. verwende.

Achtungsvoll

Emil Held.

Aufgaben.

I. Calicots.

1. Am 22. März 19.. ersucht Friedrich Köhler, Stuttgart, die Firma Netter & Ahlers, Göppingen (Württemberg) um Zusendung der Preisliste von Buchbinder-Calicots.

2. Am 24. März 19.. senden Netter & Ahlers, Göppingen, an Friedrich Köhler, Stuttgart, die gewünschte Preisliste und ersuchen um Aufträge.

3. Am 27. März 19.. erteilt Friedrich Köhler, Stuttgart, der Firma Netter & Ahlers, Göppingen, Auftrag auf

Stck. 5 schwarze Calicots

BC	BE	HB	GA	GC
p. m 50 Pf.	52 Pf.	62 Pf.	65 Pf.	82 Pf.,

jedes Stück zu $34^1/_2$ m Länge; Breite je nach der Nummer 96/100 cm, zur Lieferung bis Mitte April des l. J. franko Emballage; Sendung mittels Güterzuges.

4. Am 28. März 19.. bestätigen Netter & Ahlers, Göppingen, den Auftrag, dessen sorgfältige Ausführung sie versprechen.

5. Am 10. April 19.. senden Netter & Ahlers, Göppingen, die Calicots in einer Kiste

N. & A. 1495 in gewöhnlicher Fracht

an Friedrich Köhler, Stuttgart.

Sie stellen hierüber Faktur aus: Breite BC und BE 96 cm, HB 98 cm, GA und GC 100 cm. Wert 90 Tage Netto oder per kontant mit 3% Skonto.

6. Am 8. Mai 19... Friedrich Köhler, Stuttgart, begleicht seine Rechnung (Faktur) durch Postanweisung abzüglich 3% Kassaskonto.

7. Am 9. Mai 19... Netter & Ahlers, Göppingen, bestätigen den Eingang des Geldes und empfehlen sich für ferneren Bedarf.

II. Bleistifte.

1. Am 10. Oktober 19.. ersucht Heinrich Schrott, Magdeburg, die Firma Frankenburger & Oberndorfer, Nürnberg, um Einsendung der neuesten Preislisten ihrer Bleistifte und Pastellgarnituren oder um billigste Preisanstellung der letzteren per Gross in billigen und feineren Sorten.

2. Am 12. Oktober 19.. machen Frankenberger & Oberndorfer, Nürnberg, dem Heinrich Schrott, Magdeburg, bemusterte Preisanstellung.

Sie würden Aufträge von mehr als 100 Gross (1200 Dtzd.) Garnituren wie folgt liefern:

No. 3694	No. 3590	No. 3615
M. 39.— für 1 Gross	M. 57.— für 1 Gross	M. 60.— für 1 Gross

ab Nürnberg; 6 Monate Netto oder mit 3% gegen bar. Emballage billigst berechnet.

3. Am 14. Oktober 19.. dankt Heinrich Schrott, Magdeburg, für die prompte Preisanstellung. Er würde von den angebotenen drei Sorten zusammen 200 bis 300 Gross bestellen, jedoch nur dann, wenn die Ware ihm zu den bezeichneten Preisen fracht- und verpackungsfrei geliefert werden würde.

4. Am 15. Oktober 19.. antworten Frankenburger & Oberndorfer, Nürnberg, dem Heinrich Schrott, Magdeburg, dass sie die Preise ohnedies so niedrig als möglich gestellt haben.

Nur um wieder von Schrott einen Auftrag zu erhalten, wollen sie ihm entgegenkommen, indem sie ihm bei Bestellung von 200 bis 300 Gross gestatten würden, die Hälfte der Übernahmsfracht von der Faktur abzusetzen (zu kürzen).

Der Nutzen in der Fabrikation dieses Artikels ist so gering, dass eine grössere Begünstigung mit dem besten Willen nicht eingeräumt werden kann.

5. Am 16. Oktober 19.. erteilt Heinrich Schrott, Magdeburg, an Frankenburger & Oberndorfer, Nürnberg, Auftrag auf

100	Gross Pastellgarnituren	No. 3694	à	M. 39.—
50	„ „	„ 3590	à	„ 57.—
100	„ „	„ 3615	à	„ 60.—

zur baldigsten Lieferung.

6. Am 17. Oktober 19.. danken Frankenburger & Oberndorfer, Nürnberg, für den erhaltenen Auftrag, den sie im Laufe der Woche zur Ausführung bringen werden.

7. Am 21. Oktober 19.. zeigen Frankenburger & Oberndorfer, Nürnberg, die Ausführung des ihnen von Heinrich Schrott, Magdeburg, erteilten Auftrags an und fakturieren die Ware in 5 Kisten H. S. 1401/5, 6 Monate Netto oder mit 3% gegen bar; à Kiste 6 M. 50 Pf. Die Versendung erfolgt durch den Spediteur J. Schuster, Nürnberg, unfrankiert.

8. Am 28. Oktober 19.. bestätigt Heinrich Schrott, Magdeburg, den Empfang der Ware und macht gleichlautende Buchungsanzeige.

9. Am 19. April 19.. überweist Heinrich Schrott, Magdeburg, durch die Reichsbank unter Verwendung eines roten (Übertragungs-) Checks an Frankenburger & Oberndorfer, Nürnberg, den Betrag der Faktur. Er kürzt für halbe Fracht M. 22,50.

10. Am 21. April 19.. machen Frankenburger & Oberndorfer, Nürnberg, Entlastungsanzeige und halten ihre Dienste bei weiterem Bedarfe empfohlen.

III. Schuhriemen.

1. Am 12. Juni 19.. bestellt Otto Krause, Leipzig, bei Gebr. Krall, Werdau, telephonisch

100 Gross Seiden-Schuhriemen
No. 350/18, 50 cm lang, à 11.95 per Gross;
50 Gross halbseidene Schuhriemen
No. 390/16, 60 cm lang, à 6.50 per Gross;
10 Dtzd. à 500 m Velour Schutzborden
No. 2869 noir, à 9.— per 100 m.

Diese Bestellung wird brieflich bestätigt.

Die Lieferung soll ehestens erfolgen. Sendung in Postpacketen. Begleichung wie bisher durch 4 Monat-Accept.

2. Am 23. Juni 19.. bestätigen Gebr. Krall, Werdau, den Empfang des Briefes und teilen mit, dass sie den Auftrag zur prompten Ausführung in Vormerkung genommen haben, die Lieferung wird in 3 bis 4 Wochen stattfinden.

3. Am 30. Juni 19.. erteilen Gebr. Krall, Werdau, an Otto Krause, Leipzig, Faktur über in drei Postpacketen versandte

100 Gross Seiden-Schuhriemen,
50 „ halbseidene Schuhriemen,
10 Dtzd. Velour Schutzborden.

Packet-Porto 1 M. 50 Pf.; zum Wert der Ware zugeschlagen.

Für den Fakturenbetrag haben Gebr. Krall, Werdau, auf Otto Krause, Leipzig, eine 4 Monat Tratte O/Eigene gezogen, welche sie an den Bezogenen gleichzeitig mit der Faktur zwecks Acceptation senden.

4. Am 2. Juli 19.. bestätigt Otto Krause, Leipzig, den Empfang der Ware und sendet die Tratte mit Accept versehen an Gebr. Krall, Werdau, zurück.

5. Am 4. Juli 19.. bestätigen Gebr. Krall, Werdau, den Empfang des Accepts und erbitten sich weitere Aufträge.

IV. Gerste.

1. Am 2. März 19.. offeriert Leopold Kurz, Wien, der Firma Otto Hübner, Thorn, Anbaugerste und sendet mit gleicher Post eine Probe (No. 111).

Er offeriert 100 Meterzentner der Gerste à 146.— per 1000 kg, frachtfrei Bahnhof Thorn, unverzollt; Säcke vom Tage der Expedition an gerechnet 4 Wochen mietefrei, jedoch franko nach Wien zurückzusenden.

Die Offerte wird „freibleibend" gestellt.

2. Am 6. März 19.. bestellt Otto Hübner, Thorn, telegraphisch 100 q à 146.— per 1000 kg frachtfrei Thorn, prompt per Bahn zu senden.

3. Am 9. März 19.. sendet Leopold Kurz, Wien, Aufgabsverzeichnisse über nach Thorn verladene:

100 Meterzentner Anbaugerste

mit folgender Faktur:

Wien, den 9. März 19..

Herrn Otto Hübner, Thorn.

Für Ihnen verkaufte und Ihrem Auftrag gemäss lt. mitfolgendem Aufgabsverzeichnisse für Ihre Rechnung und Gefahr durch Bahn in angewiesener Fracht an Ihre w. Adresse in Wagenladung nach Thorn expedierte:

	L. K. 161/310 150 Säcke Gerste		
	Btto. 10164 kg		
	Ta. 145 „		
	Ntto. 10019 kg à 146.— per 1000 kg	M.	1462.78
ab an angewiesener Fracht Wien-Thorn à 165 Pf.		„	163.73
	per Netto Kassa	M.	1299.05

Säcke sind innerhalb 4 Wochen franko Wien zu retournieren.

4. Am 23. März 19.. teilt Otto Hübner, Thorn, mit, dass der Waggon Anbaugerste ordnungsmässig in Thorn eingetroffen ist und sendet einen Check a/Wien zum Ausgleich.

K 1528,30 Check Wien a/Anglo-Österreichische Bank
à 85.— M. 1299.05.

5. Am 25. März 19.. bestätigt Leopold Kurz, Wien, den Empfang des Checks und macht Entlastungsanzeige.

V. Plüsch. (Agentenverkehr.)

1. Am 8. März 19.. bewirbt sich Heinrich Gronemeyer, Nürnberg, auf Veranlassung des Kurt Höhne, Nürnberg, bei Gebrüder Keller, Plüschfabrikanten, Annaberg i. Erzgeb., um deren Vertretung für Bayern und giebt nachfolgende Referenzen an:

Nürnberger Handelsbank, Nürnberg,
Süddeutsche Vereinsbank, München,
Gebr. Köhler, Augsburg.

2. Am 11. März 19.. erkundigen sich Gebrüder Keller, Annaberg, bei Gebr. Köhler, Augsburg, über die Verwendbarkeit des Heinrich Gronemeyer als Vertreter; sie wären auch sehr dankbar, wenn ihnen von Gebr. Köhler auch Angaben über die Vermögensverhältnisse des in Frage stehenden gemacht werden würden.

3. Am 14. März 19.. bezeichnen Gebr. Köhler, Augsburg, den in Frage stehenden (Heinrich Gronemeyer, Nürnberg) als tüchtigen, verwendbaren Agenten.

Über seine Vermögensverhältnisse können sie keinen Aufschluss geben.

4. Am 16. März 19.. übertragen Gebrüder Keller, Annaberg, dem Heinrich Gronemeyer, Nürnberg, die Vertretung für Bayern unter nachfolgenden Bedingungen:

> 5% Provision; Vergütung der Kosten und Auslagen für Geschäftsabschlüsse ausserhalb des Stadtbezirks Nürnberg.
>
> Die Abrechnung soll zu den Kalendervierteljahren stattfinden.

5. Am 18. März 19.. dankt Heinrich Gronemeyer, Nürnberg, der Firma Gebrüder Keller, Annaberg, für das in ihn gesetzte Vertrauen, nimmt die Vertretung an und wiederholt die im Schreiben der letztgenannten Firma angeführten Bedingungen.

6. Am 19. März 19.. übersenden Gebrüder Keller, Annaberg, an Heinrich Gronemeyer, Nürnberg, als Warenprobe unter Streifband Muster ihrer Plüschfabrikate und weisen im Briefe darauf hin, dass die Stücklänge ca. 30 m beträgt, die Konditionen 30 Tage Kassa mit 5% Skonto sind, dass aber an ganz gute Kunden eventuell auch auf 6 Monat Ziel abgegeben werden darf.

7. Am 24. März 19.. überschreibt Heinrich Gronemeyer, Nürnberg, der Firma Gebrüder Keller, Annaberg, nachfolgende Bestellung:

Ludwig Neuburger, Nürnberg.

Change;	Lachs,	1 Stück	60 cm	breit	à 2.15	per m,
„	Reseda,	1 „	110 „	„	à 3.95	per m,
Frigga;	Tiefschwarz,	2 „	120 „	„	à 4.15	per m,
Syra;	Violett,	2 „	60 „	„	à 4.80	per m;

wohlverpackt; kistenfrei; in gewöhnlicher Fracht; Kondition: 30 Tage Kasse mit 5% Skonto, ab Annaberg.

8. Am 25. März 19.. bestätigen Gebrüder Keller der Firma Ludwig Neuburger, Nürnberg, die Order, welche sie innerhalb 8 Tagen zur Ausführung bringen werden.

9. Am 31. März 19.. fakturieren Gebrüder Keller, Annaberg, der Firma Ludwig Neuburger, Nürnberg, die durch Gronemeyer bestellten Waren. Kiste I. R. 416.

10. Am 26. April 19.. sendet Ludwig Neuburger, Nürnberg, unter Kürzung von 5% Skonto an Gebrüder Keller, Annaberg, zum Ausgleich der Faktur vom 31. März 19.. einen Check auf die Filiale der Deutschen Bank, Leipzig.

B. Das Bankgeschäft.

Das Bankgeschäft umfasst den Handel mit Geld und Wertpapieren.

Da das Geld das allgemeine Tauschmittel und zugleich den Wertmesser für alle übrigen Waren bildet, so ist der Warenhändler bei der Regulierung seiner Geschäfte notwendigerweise auf den Verkehr mit dem Bankier (Bank, Bankhaus) angewiesen.

Der Bankier macht Geschäfte für eigene Rechnung (Proper-, Eigengeschäfte) oder er handelt im Auftrag und für Rechnung dritter (Verrechnungsgeschäfte).

Kommen bei der Verrechnung ausschliesslich Kassengeschäfte in Betracht, so dass der Bankier für Rechnung seines Kunden Gelder in Empfang nimmt, und auf Grund eines Barguthabens dieses Kunden Zahlungen für ihn leistet, so bezeichnet man diesen Verkehr als Giroverkehr.

Werden nicht nur Kasseposten, sondern auch Kreditposten laufend verrechnet, so heisst diese Verkehrsart Kontokorrentverkehr.

Beschränkt sich der Verkehr zwischen Kaufmann und Bankier auf einzelne Geschäfte, die nicht verrechnet, sondern sofort beglichen werden, so spricht man von Einzel- oder Kassegeschäften.

Die Wechselgeschäfte sind der besseren Übersicht wegen als Einzelverkehr dargestellt, obwohl sie in der Praxis hauptsächlich im Kontokorrentverkehr vorkommen.

a) Giroverkehr.

Im Giroverkehr zieht der Bankier für Rechnung des Kontoinhabers (Girokunden) Wechsel, Anweisungen, Rechnungen und sonstige Wertpapiere ein. Die eingezogenen Beträge, in Verbindung mit etwaigen Bareinlagen, die der Kontoinhaber gemacht hat oder die für ihn gemacht worden sind, bilden das verfügbare Guthaben (Giroguthaben) des Girokunden. Sämtliche Einlagen und Entnahmen desselben werden in ein Gegenbuch (Kontogegenbuch), welches in seinem Besitz verbleibt, eingetragen.

Über sein Guthaben verfügt der Girokunde meist durch Check.

Der Giroverkehr ist ein reines Kassiergeschäft, die geschäftlichen Abmachungen werden direkt verbucht und geben keinen Anlass zu Briefwechsel.

b) Einzelgeschäfte.

Kaufleute, die nicht im Verrechnungsverkehr mit einem Bankier stehen, werden gleichwohl die Vermittelung eines solchen in Anspruch nehmen, wenn es sich handelt um:

1. Begebung von Wechseln gegen Zinsenabzug (Diskontwechsel);
2. Vermittelung von Auszahlungen durch Wechsel (Kommissionsrimessen);
3. Vermittelung von Einziehung durch Wechsel (Kommissionstratten);
3. Vermittelung bei Einlösung von Wechseln (Domizilwechsel);
5. Vermittelung im Notfall (Intervention) (notleidende Wechsel).

1. Diskontwechsel.

Bei Begebung von Wechseln vor ihrem Verfalltag (Diskontierung) werden die Zinsen (Diskont) für die noch verbleibende Laufzeit des Wechsels von der Wechselsumme gekürzt.

Die Bank, welcher Wechsel zur Diskontierung angeboten werden, kauft dieselben entweder für eigene Rechnung oder sie vermittelt den Verkauf.

Werden einem Bankhaus Wechsel zur Diskontierung angeboten, so sind zur ordnungsgemässen Erledigung des Geschäfts folgende drei Briefe erforderlich:

1. Der Wechselverkäufer an die Bank; Zusendung des Diskontwechsels.
2. Die Bank an den Wechselverkäufer; Übermittelung des Gegenwerts.
3. Der Wechselverkäufer an die Bank; Empfangsbestätigung.

65. Am 10. November 19.. übersendet C. Nestel, Ettlingen, an die Rheinische Kreditbank, Karlsruhe, einen Wechsel zur Diskontierung und bittet, ihm den Betrag durch Postanweisung zu übermitteln.

66. Am 12. November 19.. sendet die Rheinische Kreditbank den Wechselerlös unter Abrechnung an C. Nestel, Ettlingen.

57. Am 14. November 19.. bekennt sich C. Nestel, Ettlingen, zum Empfang des Geldes.

65.

Ettlingen, den 10. November 19..

Rheinische Kreditbank, Karlsruhe.

Anbei übersende ich Ihnen eingeschrieben:

M. 356,30 per 31. Januar n. J. auf A. Stieler, dort,

mit der Bitte, diesen Wechsel in Diskont zu nehmen und mir den Gegenwert durch Postanweisung zugehen zu lassen.

Hochachtungsvoll

C. Nestel.

66.

Rheinische Kreditbank,
Karlsruhe.

Karlsruhe, den 12. November 19..

Herrn C. Nestel, Ettlingen.

Für den uns mit Ihrem Schreiben vom 10. d. M. übermittelten Wechsel:

M. 356,30 per 31./I. n. J.

übersenden wir Ihnen durch Postanweisung:

	M.	351,25,	welche Sie
zuzüglich	„	3,85	5 % Diskont 78 Tage
	„	—,90	$^1/_4$ % Provision
	„	—,30	Porto

zur Begleichung dieser Angelegenheit verwenden wollen.

Hochachtungsvoll

Wechselkasse
der
Rheinischen Kreditbank.
Lenz. Müller.

67.

Ettlingen, den 14. November 19..

Rheinische Kreditbank, Karlsruhe.

Die mir durch Postanweisung als Gegenwert für meine Rimesse übersandten:

M.	351,25	verwende ich zuzüglich
„	5,05	Diskont und Spesen

zu Ihrer Entlastung.

Hochachtungsvoll

C. Nestel.

2. Kommissionsrimessen.

Soll eine Schuld ausserhalb des Kontokorrentverkehrs durch Vermittlung eines dritten (Bankier oder Geschäftsfreund) in Wechselform beglichen werden, so sind zur ordnungsgemässen Erledigung der Remittierung die folgenden sechs Briefe erforderlich:

1.	Der Schuldner	an	den	Vermittler;	Auftrag zu remittieren.
2.	„ Schuldner	„	„	Gläubiger;	Rimessenavis.
3.	„ Vermittler	„	„	Gläubiger;	Zusendung der Rimessen.
4.	„ Vermittler	„	„	Schuldner;	Ausführungsanzeige (Antwort zu 1).
5.	„ Gläubiger	„	„	Vermittler;	Empfangsanzeige (Antwort zu 3).
6.	„ Gläubiger	„	„	Schuldner;	Gutschrift der Rimessen (Antwort zu 2).

3. Kommissionstratten.

Soll ein Guthaben ausserhalb des Kontokorrentverkehrs durch Vermittlung eines dritten (Bankier oder Geschäftsfreund) in Wechselform eingezogen werden, so sind zur ordnungsgemässen Erledigung der Trassierung die folgenden sechs Briefe erforderlich:

1.	Der Schuldner	an	den	Gläubiger;	Auftrag zu trassieren.
2.	„ Schuldner	„	„	Vermittler;	Trattenavis.
3.	„ Gläubiger	„	„	Vermittler;	Bitte um Inschutznahme.
4.	„ Gläubiger	„	„	Schuldner;	Ausführungsanzeige (Antwort zu 1).
5.	„ Vermittler	„	„	Gläubiger;	Zusage der Inschutznahme (Antwort zu 3).
6.	„ Vermittler	„	„	Schuldner;	Belastung für die Trassierung (Antwort zu 2).

Die Remittierung wird häufig einem Bankhaus übertragen, wenn demselben gleichzeitig Deckung durch Trassierung gewährt werden kann.

In diesem Falle beauftragt der Auftraggeber die Bank, Rimessen an seinen Gläubiger (Kommissionsrimessen) zu machen und ermächtigt sie gleichzeitig, sich für den Rimessenbetrag auf einen seiner Schuldner durch Tratte (Kommissionstratte) zu erholen.

68. Am 2. Juli 19.. ersuchen Ritter & Co., Chemnitz, die Kreditbank, Leipzig, an Feller & Sohn, Bremen, rund 6000 Mark ca. 2 Monat laufende Rimessen zu machen.

69. In demselben Briefe weisen Ritter & Co., Chemnitz, die Kreditbank, Leipzig, an, sich unter Diskontberechnung auf Gebrüder Roth, Dresden, per ult. Juli für den Rimessenbetrag zu erholen.

70. Am 2. Juli 19.. verständigen Ritter & Co., Chemnitz, die Firma Feller & Sohn, Bremen, davon, dass ihr durch Kreditbank, Leipzig, Rimessen im Betrage von ca. 6000 Mark zugehen werden und bitten um Gutschrift auf Einkaufskonto.

71. Am 2. Juli 19.. verständigen Ritter & Co., Chemnitz, Gebrüder Roth, Dresden, davon, dass sie die Kreditbank ermächtigt haben, auf sie zu ziehen.

72. Am 3. Juli 19.. macht die Kreditbank, Leipzig, an Feller & Sohn, Bremen, Rimessen für Rechnung von Ritter & Co., Chemnitz.

73. Am 3. Juli 19.. benachrichtigt die Kreditbank, Leipzig, Gebrüder Roth, Dresden, davon, dass sie für Rechnung von Ritter & Co., Chemnitz, Tratte auf sie abgegeben habe.

74. Am 4. Juli 19.. erklären sich Gebrüder Roth, Dresden, der Kreditbank, Leipzig, gegenüber bereit, die auf sie abgegebenen Kommissionstratten zu honorieren.

75. Am 4. Juli 19.. erklären sich Gebrüder Roth, Dresden, der Firma Ritter & Co., Chemnitz, gegenüber bereit, die von der Kreditbank, Leipzig, ausgeschriebene Tratte zu schützen.

76. Am 5. Juli 19.. bestätigen Feller & Sohn, Bremen, der Kreditbank, Leipzig, den Empfang der Kommissionsrimessen.

77. Am 5. Juli 19.. zeigen Feller & Sohn, Bremen, Ritter & Co., Chemnitz, an, dass sie ihnen die von der Kreditbank, Leipzig, übersandten Rimessen per Verfall auf Einkaufskonto gutgeschrieben haben.

78. Am 5. Juli 19.. übersendet die Kreditbank, Leipzig, an Ritter & Co., Chemnitz, Abrechnung über die nach Bremen gemachten Rimessen.

79. In demselben Brief zeigt die Kreditbank, Leipzig, Ritter & Co., Chemnitz, an, dass sie sich auftragsgemäss für den Betrag ihrer Rimessen auf Gebrüder Roth, Dresden, erholt hat.

68. 69.

Ritter & Co.
Spinnerei und Weberei,
Chemnitz.

Chemnitz, den 2. Juli 19..

Kreditbank, Leipzig.

Hierdurch ersuchen wir Sie, für unsere Rechnung an die Firma Feller & Sohn, Bremen, Schüsselkorbstr. 12, Rimessen mit ca. zwei Monaten Laufzeit im annähernden Betrag von

M. 6000 Sechs Tausend Mark

zu machen.

Für den Gegenwert belieben Sie sich unter Abrechnung auf die Herren Gebrüder Roth, Dresden, per ult. Juli zu erholen.

Hochachtungsvoll

Ritter & Co.

70.

Ritter & Co.
Spinnerei und Weberei,
Chemnitz.

Chemnitz, den 2. Juli 19..

Herren Feller & Sohn, Bremen.

Im Verfolge unseres gestrigen Schreibens teilen wir Ihnen ergebenst mit, dass wir die Kreditbank, Leipzig, beauftragten, Ihnen mittelsichtige Rimessen im Betrage von ca. 6000 M. zugehen zu lassen.

Wir bitten diese Anschaffung unserem Einkaufskonto wie üblich gutzubringen und zeichnen

Hochachtungsvoll

Ritter & Co.

71.

Ritter & Co.
Spinnerei und Weberei,
Chemnitz.

Chemnitz, den 2. Juli 19..

Herren Gebrüder Roth, Dresden.

Ihr gestriges Schreiben überbrachte uns Rechnungsauszug per ult. Juni, dessen Saldo wir gleichförmig mit:

M. 9530,— zu unseren Gunsten

vortrugen.

Heute ermächtigen wir Kreditbank, Leipzig, ca. 6000 M., per ult. Juli, auf Sie abzugeben, die Sie gefl. bei Vorkommen zu Lasten unserer Rechnung honorieren wollen.

Hochachtungsvoll

Ritter & Co.

72.

Kreditbank, Leipzig.

Leipzig, den 3. Juli 19..

Herren Feller & Sohn, Bremen.

Im Auftrag und für Rechnung der Herren Ritter & Co., Chemnitz, überreichen wir Ihnen anbei:

M. 3615,30 per 25. August d. J., auf Wolf & Co., dort,
„ 2352,70 „ 31. „ „ „ „ Fr. Härtel, dort,
M. 5968,— mit der Bitte, uns den Empfang zu bestätigen.

Hochachtungsvoll
p. pa. Kreditbank
L. Kühn. H. Krause.

73.

Kreditbank, Leipzig. Leipzig, den 3. Juli 19..

Herren Gebrüder Roth, Dresden.

Auf Veranlassung der Herren Ritter & Co., Chemnitz, erlaubten wir uns, heute auf Sie:

M. 5951,90 per 31. Juli d. J., O/Eigene

abzugeben.

Wir bitten, diese Tratte bei Vorkommen zu Lasten der obengenannten Firma zu honorieren.

Hochachtungsvoll
p. pa. Kreditbank
L. Kühn. H. Krause.

74.

Gebrüder Roth,
Kommission u. Spedition.
Dresden. Dresden, den 4. Juli 19..

Kreditbank, Leipzig.

Die mit Ihrem geehrten gestrigen Schreiben avisierte Tratte:

M. 5951,90 per 31. Juli d. J.

werden wir bei Vorkommen zu Lasten der Herren Ritter & Co., Chemnitz, honorieren.

Hochachtungsvoll
Gebrüder Roth.

75.

Gebrüder Roth,
Kommission u. Spedition.
Dresden.

Dresden, den 4. Juli 19..

Herren Ritter & Co., Chemnitz.

Wir besitzen Ihr geschätztes Schreiben vom 2. d. Mts.
In Übereinstimmung damit zeigt uns Kreditbank, Leipzig, soeben an, dass sie

M. 5951,90 per ult. Juli

auf uns abgegeben hat.
Wir werden diese Tratte bei Verfall zu Ihren Lasten einlösen.

Hochachtungsvoll
Gebrüder Roth.

76.

Feller & Sohn,
Export und Import.

Bremen, den 5. Juli 19..

Kreditbank, Leipzig.

Ihrem Schreiben vom 3. d. M. entfalteten wir:

M. 3615,30 per 25./VIII. d. J.
„ 2352,70 „ 31./VIII. d. J.
M. 5968,— hier, welche wir zu Gunsten der Firma Ritter & Co., Chemnitz, verwenden.

Hochachtungsvoll
Feller & Sohn.

77.

Feller & Sohn,
Export und Import.

Bremen, den 5. Juli 19..

Herren Ritter & Co., Chemnitz i. S.

Wir besitzen Ihr Schreiben vom 2. d. M. und erhielten soeben von der Kreditbank, Leipzig, die darin avisierten Rimessen:

M. 3615,30 Val. 25. August,
M. 2352,70 Val. 31. August,

welche wir wie vorstehend Ihrem Einkaufskonto E. V. gutschrieben.

Hochachtungsvoll
Feller & Sohn.

78. 79.

Kreditbank, Leipzig. Leipzig, den 5. Juli 19..

Herren Ritter & Co., Chemnitz i. S.

In Ausführung Ihres geschätzten Auftrags vom 2. d. M. haben wir für Sie an die Herren Feller & Sohn, Bremen:

M. 3615,30 per 25. August } Bremen
„ 2352,70 per 31. August }

angeschafft und belasten Sie hierfür laut untenstehender Abrechnung mit:

M. 5930,20 per heute.

Zum Ausgleich dieser Forderung entnahmen wir aufgabegemäss auf die Herren Gebrüder Roth, Dresden:

M. 5954,90 per 31. Juli d. J.,

wofür wir Sie wie untenstehend mit:

M. 5930,20 per heute

erkannten.

Stets gern zu Ihren Diensten zeichnen wir

Hochachtungsvoll

p. pa. Kreditbank

L. Kühn. H. Krause.

Rechnung:

Guthaben.

Tratte auf Dresden:

M.	5954,90	per 31./7.,
„	21,70	·/. Diskont 25 Tage, $5^1/_4$ %.
M.	5933,20	
„	3.—	Stempel
M.	5930.20	Val. 5./7.

Schuld.

Rimessen nach Bremen:

				Tage	Nr.
	M.	3615,30	per 25./8.	50	1808
	„	2352,70	„ 31./8.	55	1294
	M.	5968,—			3102
·/.	„	45,25,	$5^1/_4$ % Diskont.		
	M.	5922,75			
	„	7,45,	$^1/_8$ % Provision von M. 5968,—		
	M.	5930,20	Val. 5./7.		

4. Domizilwechsel.

Für die Begebbarkeit eines Wechsels ist es wichtig, dass derselbe an einem grösseren Platze, womöglich an einem Bankplatz zahlbar gestellt ist.

Bei Wechseln, welche auf kleinere Plätze lauten, wird deshalb häufig ein grösserer Platz als Zahlstelle (Domizil) vorgeschrieben.

Die Domizilierung von Wechseln ausserhalb des Kontokorrentverkehrs erfordert zur ordnungsgemässen Erledigung folgende sechs Briefe:

1. Der Domiziliant an den Domiziliaten; Anfrage über Domizilbedingungen.
2. „ Domiziliat an den Domizilianten; Angabe der Domizilbedingungen;
3. „ Domiziliant an den Domiziliaten; Avis des Domizilwechsels;
4. „ Domiziliat an den Domizilianten; Bitte um rechtzeitige Deckung.
5. „ Domiziliant an den Domiziliaten; Zusendung der Deckung;
6. „ Domiziliat an den Domizilianten; Rücksendung des quittierten Wechsels.

80. Am 2. Juni 19.. fragt Joseph Braun, Spandau, bei dem Bankhaus Lang & Co., Berlin, an, zu welchen Bedingungen es bereit sein würde, ihm die Domizilierung seiner Wechsel zu gestatten.

81. Am 3. Juni 19.. teilen Lang & Co., Berlin, der Firma Joseph Braun, Spandau, ihre Bedingungen für die Domizilierung mit.

82. Am 12. Juni 19.. zeigt Joseph Braun, Spandau, der Firma Lang & Co., Berlin, an, dass er eine von Paul Herz, Potsdam, per 10. Oktober auf ihn abgegebene Tratte mit Accept versehen bei ihnen, Lang & Co., Berlin, domiziliert habe.

83. Am 13. Juni 19.. erwidern die Domiziliaten, dass sie von der Domizilierung Kenntnis genommen haben und bitten um rechtzeitige Anschaffung.

84. Am 7. Oktober 19.. übersendet der Acceptant den Domiziliaten Deckung.

85. Am 10. Oktober 19.. bekennen sich die Domiziliaten zum Empfang der Barsendung und überreichen das eingelöste Accept.

80.

Joseph Braun,
Kolonialwaren und
Landesprodukte.

Spandau, den 2. Juni 19..

Herren Lang & Co., Berlin.

Ich bitte, mir umgehend mitzuteilen, zu welchen Bedingungen Sie mir gestatten würden, meine Accepte bei Ihnen zu domizilieren.

Deckung würde ich Ihnen stets rechtzeitig zugehen lassen.

Hochachtungsvoll

Joseph Braun.

81.

Bank- und Wechselgeschäft
Lang & Co., Berlin W.,
Kanonier-Str. 2.
Reichsbank-Girokonto.
Telegrammadresse: Langbank.

Berlin, den 3. Juni 19..

Herrn Joseph Braun, Spandau.

Im Besitz Ihrer gestrigen Anfrage erklären wir uns gern damit einverstanden, dass Sie Ihre Accepte bei uns zahlbar stellen.

Wir würden Ihnen $^1/_4\,^0/_0$ Domizilprovision sowie Selbstauslagen berechnen, wobei wir voraussetzen, dass uns Deckung spätestens zwei Tage vor Verfall zugeht.

Hochachtungsvoll

p. pa. Lang & Co.

E. Frey.

82.

Joseph Braun,
Kolonialwaren und
Landesprodukte.

Spandau, den 12. Juni 19..

Herren Lang & Co., Berlin.

Unter Bezugnahme auf Ihr gefl. Schreiben vom 3. d. M. zeige ich Ihnen an, dass ich mir heute gestattete, mein Accept:

M. 645,30 per 10./10. d. J., ausgestellt von Paul Herz, Potsdam,

bei Ihnen zu domizilieren.

Ich bitte, hiervon gefl. Vormerkung zu nehmen. Deckung werde ich Ihnen prompt zugehen lassen.

Hochachtungsvoll

Joseph Braun.

83.

Bank- und Wechselgeschäft
Lang & Co., Berlin W.,
Kanonier-Str. 2.
Reichsbank-Girokonto.
Telegrammadresse: Langbank.

Berlin, den 13. Jnni 19..

Herrn Joseph Braun, Spandau.

Ihr gestriges Schreiben ist in unseren Händen. Wir bemerkten uns, dass Sie:

M. 645,30 per 10./10. d. J.,
Aussteller Paul Herz, Potsdam,
bei uns domiziliert haben und sehen rechtzeitiger Anschaffung gern entgegen.

Hochachtungsvoll
p. pa. Lang & Co.
E. Frey.

84.

**Joseph Braun,
Kolonialwaren und
Landesprodukte.**

Spandau, den 7. Oktober 19..

Herren Lang & Co., Berlin.

Ich beziehe mich auf mein Schreiben vom 12. Juni d. J. und überreiche Ihnen beigeschlossen zur Deckung meines Acceptes:

M. 645,30	per 10. Oktober d. J.,
„ 2,70	Provision und Porti
M. 648,—	in Banknoten und Briefmarken

mit der Bitte, mir das eingelöste Papier eingeschrieben zusenden zu wollen.

Hochachtungsvoll
Joseph Braun.

85.

**Bank- und Wechselgeschäft
Lang & Co., Berlin W.,
Kanonier-Str. 2.**
**Reichsbank-Girokonto.
Telegrammadresse: Langbank.**

Berlin, den 10. Oktober 19..

Herrn Joseph Braun, Spandau.

Wir erhielten rechtzeitig Ihre Sendung vom 7. d. M., die wir aufgabegemäss mit:

M. 645,30	zur Einlösung Ihres Accepts,
„ 2,70	Provision und Porti
M. 648,—	zum Ausgleich dieses Geschäfts

verwendeten.

Die eingelöste Tratte legen wir bei und zeichnen hochachtungsvoll

p. pa. Lang & Co.
E. Frey.

Einschreiben.

5. Wechsel zur Annahme; Notadresse.

86. Am 5. Juli 19.. übersendet Ferdinand Wild, Klingmühl, an das Bankhaus Beck & Co., Cottbus, einen Wechsel zur Einziehung.

87. Am 10. Juli 19.. übersenden Beck & Co., Cottbus, den Gegenwert durch Postanweisung an Ferdinand Wild, Klingmühl.

88. Am 16. Juli 19.. bekennt sich Ferdinand Wild, Klingmühl, zum Empfang des Geldes. Gleichzeitig sendet er an Beck & Co., Cottbus, einen Wechsel zur Besorgung der Annahme. Protest soll unterbleiben; Auskunft über den Bezogenen wird erbeten.

89. Am 18. Juli 19.. senden Beck & Co., Cottbus, den mit Annahme versehenen Wechsel zurück und erteilen Auskunft über den Bezogenen.

90. Am 20. Juli 19.. dankt Ferdinand Wild, Klingmühl, für die Auskunft und bittet Beck & Co., Cottbus, im Notfall zu Ehren seiner Firma zu intervenieren.

91. Am 21. Juli 19.. übersenden Beck & Co., Cottbus, ihre Bedingungen für den Fall der Intervention.

92. Am 16. Oktober 19.. teilen Beck & Co., Cottbus, ihrem Auftraggeber mit, dass der Bezogene Zahlung nicht geleistet hat.

93. Am 18. Oktober 19.. benachrichtigen Beck & Co., Cottbus, durch Einschreibebrief Ferdinand Wild, Klingmühl, dass der Wechsel mangels Zahlung protestiert worden ist. Sie legen Retourrechnung bei.

94. Am 20. Oktober 19.. übersendet Ferdinand Wild, Klingmühl, an Beck & Co., den Betrag der Retourrechnung.

86.

Ferdinand Wild,
Klingmühl N. L.

Klingmühl, den 5. Juli 19..

Herren Beck & Co., Cottbus.

In der Anlage überreiche ich Ihnen:

M. 330,65 per 10. d. M. a/W. Frank, dort,

mit der Bitte, den Betrag einziehen und ihn mir abzüglich Provision und Spesen durch Postanweisung zusenden zu wollen.

Im Falle der Nichteinlösung des Wechsels bitte ich von Protesterhebung abzusehen.

Hochachtungsvoll
Ferdinand Wild.

Einschreiben.
1 Tratte.

87.

Beck & Co.,
Cottbus.

Cottbus, den 10. Juli 19..

Herrn Ferdinand Wild, Klingmühl.

Als Gegenwert des uns mit Ihrem Geehrten vom 5. d. M. zugegangenen Wechsels:

M. 330,65

überreichen wir Ihnen durch Postanweisung:

M. 329,50, die Sie
zuzüglich „ 1,15 Provision und Porti

zu unserer Entlastung verwenden wollen.

Hochachtungsvoll

Beck & Co.

88.

Ferdinand Wild,
Klingmühl N. L.

Klingmühl, den 16. Juli 19..

Herren Beck & Co., Cottbus.

Ich bestätige den Empfang Ihres Geehrten vom 10. d. M. und den Eingang der darin avisierten Geldsendung, die ich gleichlautend verbuchte.

Beigeschlossen überreiche ich Ihnen:

M. 646,25 per 15. Oktober d. J. a/W. Frank, dort,

mit der Bitte, das Papier zum Accept vorzulegen und mit der Unterschrift des Bezogenen an mich zurückgelangen zu lassen.

Sollte der Bezogene die Annahme verweigern, so bitte ich um Rücksendung ohne Protest.

Sehr angenehm wäre es mir, genau über diese Firma, von der mir weitere grössere Bestellungen vorliegen, unterrichtet zu sein. Sie haben wohl die Güte, mich recht bald wissen zu lassen, wie es um Geschäftsführung und Kreditwürdigkeit des Inhabers steht. Meiner Verschwiegenheit wollen Sie sich versichert halten.

Hochachtungsvoll

Ferdinand Wild.

89.

Beck & Co.,
Cottbus.

Cottbus, den 18. Juli 19..

Herrn Ferdinand Wild, Klingmühl.

Die uns mit Ihrem vorgestrigen Schreiben übersandte Tratte von:

M. 646,25 per 15. Oktober d. J. a/W. Frank, hier,

geben wir Ihnen eingeschrieben mit der Unterschrift des Bezogenen versehen wieder zurück und bitten um Entlastung.

Für unsere Mühewaltung wollen Sie uns M. 1,— gutschreiben.

Bezüglich der gewünschten Auskunft, teilen wir Ihnen zu diskreter Benutzung und ohne jedes Obligo unsererseits mit, dass die Firma eifrigst bestrebt ist, ihren Umsatz zu erhöhen.

Ob der Inhaber derselben dabei stets die nötige Vorsicht walten lässt, entzieht sich unserer Beurteilung.

Da wir auch die ihm zu Gebote stehenden Mittel, die von mehreren Seiten als unzulänglich bezeichnet werden, nicht kennen, so müssen wir es Ihrem Ermessen ganz anheimstellen, wie weit Sie den geforderten Kredit ausdehnen wollen.

Hochachtungsvoll

Beck & Co.

Einschreiben.
1 Accept.

90.

Ferdinand Wild,
Klingmühl N. L.

Klingmühl, den 20. Juli 19..

Herren Beck & Co., Cottbus.

Ich erhalte soeben Ihren Brief vom 18. d. M. nebst Einlage von:

M. 646,25 per 15. Oktober d. J. a/W. Frank, dort.

Beiliegend M. 1,— in Briefmarken zu meiner Entlastung.

Gleichzeitig danke ich Ihnen verbindlichst für die erteilte Auskunft, die mir sehr wertvoll ist.

Auf meine unbedingte Verschwiegenheit dürfen Sie zählen.

Der Vorsicht halber möchte ich bitten, mir zu gestatten, dass ich das oben erwähnte Accept für den Notfall mit Ihrer werten Adresse versehe.

Sie teilen mir wohl gleichzeitig mit, ob Sie auch in anderen Fällen bereit sein würden, zu Ehren meiner wechselmässigen Unterschriften zu intervenieren.

Ich sehe Ihrer gefl. Rückäusserung gern entgegen und zeichne

Hochachtungsvoll

Ferdinand Wild.

M. 1,— Briefmarken

91.

Beck & Co.,
Cottbus.

Cottbus, den 21. Juli 19..

Herrn Ferdinand Wild, Klingmühl.

In Beantwortung Ihres gestrigen Briefes erklären wir uns gern bereit, im Notfall zu Ehren Ihrer Firma zu intervenieren.

Ausser den Protestkosten und Auslagen würden wir Ihnen die gesetzlich vorgesehene Provision von $^1/_3\,^0/_0$ in Anrechnung bringen.

Hochachtungsvoll

Beck & Co.

92.

Beck & Co.,
Cottbus.

Cottbus, den 16. Oktober 19..

Herrn Ferdinand Wild, Klingmühl.

Soeben besuchte uns ein hiesiger Geschäftsfreund, Herr Lenk, und teilte uns mit, dass das Accept:

M. 646,25 per gestern a/W. Frank, hier,

welches er in Zahlung erhalten und dem Bezogenen vorgelegt hat, nicht honoriert worden ist.

Der Acceptant hat gebeten, vorläufig keinen Protest zu erheben und versprochen, er werde morgen Vormittag Zahlung leisten.

Da spätestens im Laufe des morgenden Nachmittags Protesterhebung erfolgen müsste, so hat Herr Lenk für alle Fälle den notleidenden Wechsel seinem Notar zu weiterer Veranlassung übergeben, diesen aber angewiesen, dem Acceptanten thunlichst entgegen zu kommen.

Wir haben Herrn Lenk auf sein Befragen erklärt, dass wir bereit sind, zu Ehren Ihrer Firma zu intervenieren.

Über die weitere Entwickelung der Angelegenheit berichten wir Ihnen morgen und zeichnen

Hochachtungsvoll

Beck & Co.

93.

Beck & Co.,
Cottbus.

Cottbus, den 18. Oktober 19..

Herren Ferdinand Wild, Klingmühl.

Hierdurch teilen wir Ihnen mit, dass die mit unserer Adresse versehene Tratte:

M. 646,25 per 15. Oktober d. J. a/W. Frank, hier,

vom Acceptanten nicht eingelöst, sondern uns unter Protest M. Z. zur Ehrenzahlung vorgelegt worden ist.

Indem wir Sie gemäss Artikel 58 der Allgemeinen Deutschen Wechselordnung von der geschehenen Invention verständigen, legen wir Ihnen Protesturkunde und notleidenden Wechsel im Original bei und bitten, uns laut untenstehender Aufstellung mit:

M. 653,65 per dato

zu erkennen.

Hochachtungsvoll

Beck & Co.

In Protestsachen.

Eingeschrieben.

Rechnung

über den im Interventionswege eingelösten

Wechsel

auf W. Frank, Cottbus.

Wechselsumme . .	M. 646,25
Protestkosten	„ 4,60
$\frac{1}{3}$ % Provision . .	„ 2,15
Porti	„ 0,65
	M. 653,65

94.

Ferdinand Wild,
Klingmühl N. L.

Klingmühl, den 20. Oktober 19..

Herren Beck & Co., Cottbus.

Ich besitze Ihr geschätztes Schreiben vom 16. d. M. nebst Einlagen: Protesturkunde, uneingelöstes Accept auf Frank und Retourrechnung auf

M. 653,65.

Diesen Betrag übersende ich Ihnen anbei mit:

M.	600,—	in Banknoten
„	50,—	„ Reichkassenscheinen
„	3,65	„ Briefmarken

zu meiner Entlastung.

Für Ihre Intervention in dieser Angelegenheit spreche ich Ihnen meinen verbindlichsten Dank aus und zeichne

Hochachtungsvoll

Ferdinand Wild.

c) Verrechnungsgeschäfte.

Kontokorrentverkehr. Im Kontokorrentverkehr beschränkt sich die Thätigkeit des Bankiers nicht darauf, für Rechnung der Kontoinhaber Gelder einzuziehen und auszuzahlen, seine Arbeitsleistung ist viel mannigfaltiger als im Giroverkehr; er ist nicht Kassierer, sondern Kommissionär des Kontoinhabers, dem er ausserdem meist seinen Kredit zur Verfügung stellt.

Für die Arbeitsleistung des Bankiers im Kontokorrentverkehr wird ihm eine meist in Prozenten vom Umsatz ausgedrückte Entschädigung (Bankprovision) bezahlt.

Für Kreditgewährung wird ausserdem und unbeschadet der Provision eine Zinsvergütung (Soll[Debet]-zinsen) entrichtet. Dagegen werden den Kontoinhabern ihre Guthaben ebenfalls verzinst (Haben[Kredit]-zinsen). Für Sollzinsen wird in der Regel ein höherer Zinsfuss vereinbart, als für Habenzinsen.

Die Abrechnung erfolgt in regelmässigen, durch Vereinbarung festgestellten Zeitabschnitten, meist per 30. Juni (per ultimo Juni) und per 31. Dezember (per ultimo Dezember).

Im Kontokorrentverkchr kommen hauptsächlich folgende Briefgattungen vor:

a) Anträge (Angebote, Anerbieten, Offerten);
b) Antwort; Zustimmung oder Ablehnung;

c) Angabe der Bedingungen (Konditionen);
d) Bestätigung der Bedingungen;
e) Aufträge {I. zu Gunsten / II. zu Lasten} der laufenden Rechnung des Kontoinhabers;
f) Rechnungsabschlüsse (Kontokorrentauszüge);
g) Prüfungsberichte.

a) Anträge (Angebote, Anerbieten, Offerten).

Der Antrag auf Eröffnung eines Kontokorrentverkehrs kann beiderseitig erfolgen.

b) Beantwortung des Antrags.

Anfragen, die die Eröffnung eines Kontokorrentverkehrs bezwecken, pflegen auch dann beantwortet zu werden, wenn der Antrag aus irgend einem Grunde abgelehnt wird.

Lautet die Antwort zustimmend, so wird sie gleichzeitig die Bedingungen für den Bankverkehr (Bankbedingungen) enthalten.

c) Bankbedingungen.

Die Bedingungen, zu welchen der Bankier dem Kontoinhaber seine Dienste widmet, betreffen:

1. Die Höhe und Sicherung des Kredits (gedeckt oder ungedeckt).
2. Die Höhe des Zinsfusses (für Debet und Kredit).
3. Die Höhe der Provision.
4. Die Termine für die Abrechnung.
5. Die Rückvergütung der Auslagen.

d) Bestätigung der Bedingungen.

Nachdem die Verhandlungen über die Bankbedingungen abgeschlossen sind, wird das Einverständnis mit den getroffenen Vereinbarungen von beiden Seiten vollinhaltlich bestätigt.

Durch die Bestätigung der Bankbedingungen wird der Kontokorrentvertrag rechtsverbindlich.

e) Aufträge.

Die Aufträge, die der Kontoinhaber seinem Bankier erteilt, werden auf laufende Rechnung verbucht.

Die Verbuchung geht entweder „zu Gunsten“ oder „zu Lasten“ des Kontoinhabers.

Zu Gunsten der laufenden Rechnung werden verbucht:

1. Einzahlungen in Bar, Zinsscheine, Anweisungen, Checks u. s. w.
2. Wechsel zur Gutschrift per Verfall, zur Diskontierung oder zur Einziehung.
3. Überweisungen von Guthaben.
4. Verkäufe von Wertpapieren, ausländischen Wechseln und Sorten.

Zu Lasten der laufenden Rechnung werden verbucht:

1. Auszahlungen an den Kontoinhaber oder seine Bevollmächtigten.
2. Wechsel als Anschaffung und Rimessen an dritte.
3. Tratten für eigene und für fremde Rechnung.
4. Einkäufe von Wertpapieren, Sorten und Fremdwechseln.

f) Rechnungsabschluss.

Nach Ablauf der vereinbarten Abrechnungsfrist sendet der Bankier dem Kontoinhaber einen Auszug seiner Rechnung (Kontokorrentauszug), dem bisweilen eine besondere Zinsrechnung beiliegt.

Ausser den Buchungen und den Zinsen führt der Rechnungsauszug die Auslagen und die Provision u. s. w. in besonderen Posten auf.

Ferner wird der Überschuss, der sich zu Gunsten oder zu Lasten des Kontoinhabers ergiebt, der schwächeren Seite unter dem Namen Saldo angefügt, so dass beide Seiten der Rechnung die gleiche Summe aufweisen.

Dieser Saldo wird dann auf der entgegengesetzten Seite auf neue Rechnung vorgetragen und das Kontokorrent vom Kontokorrentgeber unter Angabe des Ausstellungsorts und Datums unterzeichnet.

Vor der Unterschrift befindet sich häufig die Klausel „Irrtum vorbehalten" oder „salvo errore et omissione" (gekürzt „S. E. & O.").

g) Prüfungsbericht.

Der Kontokorrentauszug wird gewöhnlich mit einem Begleitbrief abgeschickt, in welchem der Saldo nebst Valuta (Abschlussdatum) angegeben ist.

Dieser Brief enthält die Bitte, den Rechnungsauszug auf seine Richtigkeit zu prüfen und dem Kontokorrentgeber das Ergebnis der Prüfung mitzuteilen.

Häufig wird diesem Briefe noch ein Formular beigelegt, welches die Richtigkeit der Abrechnung bestätigt und vom Kontoinhaber unterzeichnet zurückgeschickt werden soll.

95. Am 13. Februar 19.. bieten Gebrüder Simon, Frankfurt a. M., der Firma Otto Winter, Offenbach, ihre Vermittelung in allen das Bankfach betreffenden Geschäften an; sie stellen günstige Bedingungen.

96. Am 15. Februar 19.. erklärt sich Otto Winter, Offenbach, mit den gestellten Bedingungen einverstanden, falls ihm ein ungedeckter Kredit bis zu 20 000 M. gewährt werde.

97. Am 16. Februar 19.. erklären sich Gebrüder Simon, Frankfurt a. M., bereit, den gewünschten Blankokredit zu gewähren. Sie fordern doppelte Provision für ungedeckte Zahlungen.

98. Am 18. Februar 19.. lehnt Otto Winter, Offenbach, es ab, sich für ungedeckte Debetposten höhere Provision anrechnen zu lassen.

99. Am 19. Februar 19.. verzichten Gebrüder Simon, Frankfurt a. M., auf doppelte Provision und bestätigen die übrigen Bedingungen.

100. Am 25. Februar 19.. acceptiert Otto Winter, Offenbach, die Bankbedingungen vollinhaltlich, überschickt zwei Wechsel zur Gutschrift und bittet um Schutz für seine Tratte.

101. Am 26. Februar 19.. bestätigen Gebrüder Simon, Frankfurt a. M., den Empfang der Wechsel und sichern der avisierten Tratte Schutz zu.

102. Am 27. Mai 19.. stellt Otto Winter, Offenbach, 1450 Kronen in Wien zur Verfügung und bittet um Gutschrift in Mark. Gleichzeitig weist er M. 695,50 zur Auszahlung in Berlin an.

103. Am 28. Mai 19.. zeigen Gebrüder Simon, Frankfurt a. M., an, dass die Aufträge vom 27./5. ausgeführt sind.

104. Am 29. Mai 19.. bestätigt Otto Winter, Offenbach, den Empfang des Briefes vom 28./5. 19..

105. Am 2. Juli 19.. überreichen Gebrüder Simon, Frankfurt a. M., Rechnungsauszug und bitten um Gutschrift des Saldo.

106. Am 8. Juli 19.. bestätigt Otto Winter, Offenbach, die Richtigkeit der erhaltenen Abrechnung.

95.

Gebrüder Simon,
Bankgeschäft.
Tel.-Adr.: Banksimon.
Fernsprecher: III 1296.

Frankfurt a. M., den 13. Februar 19..

Herrn Otto Winter, Offenbach.

Von dem lebhaften Wunsche geleitet, mit Ihrer geschätzten Firma in Geschäftsverbindung zu treten, gestatten wir uns, Ihnen unsere Dienste zur Besorgung aller in das Bankfach einschlagenden Geschäfte ergebenst anzubieten.

Wir würden Ihnen wie den bevorzugteren unserer geschätzten Auftraggeber $^1/_8$ % Provision sowie $^1/_2$ % über oder unter dem jeweiligen Reichsbankdiskont berechnen und unsere Auslagen für Porto, Depeschen, Stempel und Courtage in Ansatz bringen.

Sie wollen aus diesen ungewöhnlich günstigen Bedingungen ersehen, dass wir grossen Wert darauf legen, mit Ihrer werten Firma in Verkehr zu treten.

Wir sehen Ihrer gefl. Entschliessung gern entgegen und zeichnen

Hochachtungsvoll

Gebrüder Simon.

96.

Otto Winter,
Offenbach a. M.

Offenbach, den 15. Februar 19..

Herren Gebrüder Simon, Frankfurt a. M.

Im Besitz Ihrer gefl. Zuschrift vom 13. cr. danke ich Ihnen für freundliches Entgegenkommen.

Ich würde gern bereit sein, zu den angegebenen Bedingungen mit Ihrer Firma in Kontokorrentverkehr zu treten, wenn Sie mir gleichzeitig einen ungedeckten Acceptationskredit bis zur Höhe von 20 000 M. einräumen wollten.

Ihrer baldigen Antwort gern gewärtig, empfehle ich mich Ihnen

Hochachtungsvoll
Otto Winter.

97.

Gebrüder Simon,
Bankgeschäft.
Tel.-Adr.: Banksimon.
Fernsprecher: III 1296.

Frankfurt a. M., den 16. Februar 19..

Herrn Otto Winter Offenbach.

Aus Ihrem geehrten Gestrigen ersehen wir mit Vergnügen, dass Sie bereit sind, von unseren Dienstanerbieten Gebrauch zu machen.

Wir nehmen keinen Anstand, Ihnen den gewünschten Blankokredit von 20 000 M. zu gewähren.

Jedoch würden wir für ungedeckte Zahlungen oder Accepte die doppelte Provision, das ist $^1/_4$ %, in Anrechnung bringen; die übrigen Bedingungen bleiben dieselben.

In der Erwartung, das Sie hiermit einverstanden sind, zeichnen wir mit

Hochachtung
Gebrüder Simon.

98.

Otto Winter,
Offenbach a. M.

Offenbach, den 18. Februar 19..

Herren Gebrüder Simon, Frankfurt a. M.

Antwortlich Ihres gefl. Schreibens vom 16. d. M. müsste ich davon absehen, den besprochenen Blankokredit anzunehmen, wenn Sie sich nicht entschliessen könnten — für sämtliche Debetposten — gleichviel ob sie durch Vorentnahmen entstanden oder gedeckt sind — die Provision mit $^1/_8$ % zu berechnen.

Ich sehe Ihrer umgehenden Entschliessung gern entgegen und zeichne

hochachtungsvoll

Otto Winter.

99.

Gebrüder Simon,
Bankgeschäft.
Tel.-Adr.: Banksimon.
Fernsprecher: III 1296.

Frankfurt a. M., den 19. Februar 19..

Herrn Otto Winter, Offenbach.

Um Ihnen zu beweisen, wieviel uns an dem Verkehr mit Ihrer hochachtbaren Firma gelegen ist, haben wir uns entschlossen, Ihre Vorschläge vom gestrigen Tage anzunehmen und eröffnen Ihnen hiermit eine laufende Rechnung bei uns unter den folgenden Bedingungen:

Wir eröffnen Ihnen einen Blankokredit von 20 000 M., über den Sie nach Belieben verfügen können.

Wir berechnen Ihnen an Zinsen: $^1/_2$ % über Reichsbankdiskont, wenn Sie Debitor, und $^1/_2$ % darunter, wenn Sie Kreditor sind.

Sie vergüten uns unsere Selbstauslagen und ausserdem $^1/_8$ % Provision für Accepte, gleichviel, ob sie gedeckt oder ungedeckt sind.

Im übrigen verweisen wir auf unsere „allgemeinen Kontokorrentbestimmungen", von denen wir Ihnen ein Exemplar beilegen.

Dasselbe erbitten wir uns mit Ihrer Unterschrift versehen zurück.

Wir werden gern alles aufbieten, unseren geschäftlichen Verkehr mit Ihnen angenehm zu gestalten und Ihr Vertrauen in jeder Richtung zu rechtfertigen.

Mit grösster Hochachtung

Gebrüder Simon.

100.

Otto Winter,
Offenbach a. M.

Offenbach, den 25. Februar 19..

Herren Gebrüder Simon, Frankfurt a. M.

Ich besitze Ihr gefl. Schreiben vom 22. d. M. und bemerkte mir Ihre Bedingungen wie folgt:

Sie eröffnen mir einen Blankokredit bis zu 20 000 M.

Für Kreditzinsen berechen Sie mir $^1/_2$ % unter, für Debetzinsen $^1/_2$ % über Reichsbankdiskont.

Ich vergüte Ihnen sämtliche Auslagen sowie $^1/_8$ % Provision.

Die mir gesandten Kontokorrentbestimmungen gebe ich vollzogen zurück.

Ich eröffne gleichzeitig die Geschäftsverbindung, indem ich Ihnen anbei:

M. 600,— per 12./5. a. c. a/Helm & Co., dort,
„ 715,— per 15./6. a. c. a/Köhler & Sohn, Hanau,
M. 1315,— zur gefl. Gutschrift per Verfall übersende.

Dagegen erlaubte ich mir:

M. 5000,— per 25./5. O./Eigene

auf Sie abzugeben, um deren Inschutznahme ich bitte.

Hochachtungsvoll

Otto Winter.

Einschreiben. 2 Wechsel.

101.

Gebrüder Simon,
Bankgeschäft.
Tel.-Adr.: Banksimon.
Fernsprecher: III 1296.

Frankfurt a. M., den 26. Februar 19..

Herrn Otto Winter, Offenbach.

Ihrem gestrigen Schreiben entfalteten wir:

M. 600,— per 12./5. a/hier,
M. 715,— „ 15./6. a/Hanau,

die wir unter dem üblichen Vorbehalt in das Haben Ihrer laufenden Rechnung brachten.

Die uns gleichzeitig angekündigte Tratte von:

M. 5000,— Wert 25./5.

werden wir bei Vorkommen honorieren.

Hochachtend

Gebrüder Simon.

102.

Otto Winter,
Offenbach a. M.

Offenbach, den 27. Mai 19..

Herren Gebrüder Simon, Frankfurt a. M.

Ich gehe mit dem Inhalt Ihres Schreibens vom 26. Februar d. J. konform. Heute stelle ich Ihnen:

K. 1450,— per 25./7.

bei Franz Bär, Wien (III., Hauptstrasse 42) zur Verfügung und bitte um Abrechnung.

Dagegen wollen Sie:

M. 695,50 Sechs Hundert Fünf und Neunzig, 50 Pf.

am 6. Juni d. J. an Schäfer & Sohn, Berlin W., Behren-Strasse 12, zu Lasten meiner Rechnung auszahlen lassen.

Hochachtungsvoll

Otto Winter.

Einschreiben.
1 Wechsel.

103.

Gebrüder Simon,
Bankgeschäft,
Tel.-Adr.: Banksimon.
Fernsprecher: III 1296.

Frankfurt a. M., den 28. Mai 19..

Herrn Otto Winter, Offenbach.

In Ausführung Ihres gestrigen Auftrags kreditieren wir Ihr wertes Konto für die uns zur Verfügung gestellten:

K. 1450,— per 25. Juli zu 84,60 t. q. mit
M. 1226,75 per heute.

Dagegen bemerkten wir uns, dass für Ihre Rechnung:

M. 695,50 am 6. Juni a. c.

auszuzahlen sind, für welchen Betrag wir Sie belasten.

Hochachtend

Gebrüder Simon.

104.

Otto Winter,
Offenbach a. M.

Offenbach, den 29. Mai 19..

Herren Gebrüder Simon, Frankfurt a. M.

Ich bestätige den Empfang Ihres geschätzten Schreibens von gestern und gehe mit den darin enthaltenen Aufstellungen konform.

Hochachtungsvoll
Otto Winter.

105.

Gebrüder Simon,
Bankgeschäft.
Tel.-Adr.: Banksimon.
Fernsprecher: III 1296.

Frankfurt a. M., den 2. Juli 19..

Herrn Otto Winter, Offenbach.

Wir beehren uns, Ihnen anbei den Auszug Ihrer Rechnung bei uns zu übersenden, welche mit einem Saldo von:

M. 3183,— per 30. Juni a. c.

zu unseren Gunsten abschliesst.

Wir bitten, den Auszug zu prüfen und den Saldo nach Richtigbefund unter gefl. Anzeige übereinstimmend mit uns vorzutragen.

Hochachtungsvoll
Gebrüder Simon.

Herrn Otto Winter, Offenbach im Kontokorrent mit Gebrüder Simon. *Haben.*

.			*Verfall*		*Tage*	*Zahlen*	*Betrag M.*	*Pf*	19..			*Verfall*		*Tage*	*Zahlen*	*Betrag M.*	*Pf.*
r.	26.	Tratte	Mai	25.	35	1750	5000	—	Febr.	26.	Rimesse	Mai	12.	48	288	600	—
i	28.	Zahlung Berlin	Juni	6.	24	167	695	50	„	„	do.	Juni	15.	15	107	715	—
ni	30.	6 % Zinsen v. No. 1129					18	85	Mai	28.	Anweisung a/Wien	Mai	28.	32	393	1226	75
	„	Provis. $^1/_8$ % v. 5695,50					7	15	Juni	30.	Ausgleich d. Zinszahlen				1129		
	„	Spesen					3	25	„	„	Saldo					3183	—
						1917	5724	75							1917	5724	75
i	1.	Saldovortrag					3183	—			S. E. & O.						

Frankfurt a. M., den 2. Juli 19..

Gebrüder Simon.

106.

Otto Winter,
Offenbach a. M.

Offenbach, den 8. Juli 19..

Herren Gebrüder Simon, Frankfurt a. M.

Den mir mit Ihrem Schreiben vom 2. d. M. zugegangenen Auszug meiner laufenden Rechnung bei Ihnen habe ich geprüft und richtig befunden.
Ich erkenne demgemäss den Saldo von:

M. 3183,— per 30. Juni a. c.

als richtig an und habe ihn gleichlautend zu Ihren Gunsten vorgetragen.

Hochachtungsvoll

Otto Winter.

Aufgaben.

Briefe im Bankgeschäfte.

I.

1. Unter dem Datum des Poststempels teilen Fellner & Co., Berlin, mit, dass sie ein Bank- und Börsen-Kommissionsgeschäft in Berlin errichtet haben.

Otto Fellner war früher Prokuraführer der Firma Delbrück, Leo & Co.; Wilhelm Winkler war Disponent der Berliner Diskonto-Bank.

2. Am 10. März 19.. bieten Fellner & Co., Berlin, der Firma Hermann & Hild, Magdeburg, ihre Dienste im Bankfache an.

3. Am 18. März 19.. erklären sich Hermann & Hild, Magdeburg, im Prinzipe nicht abgeneigt, den Antrag anzunehmen und bitten um Angabe der Kontokorrentbedingungen.

Gleichzeitig ersuchen sie, ihnen mitteilen zu wollen, ob sie ihnen zum Zwecke der Entwickelung eines umfangreicheren Verkehrs einen Acceptationskredit in blanko einräumen wollten und bitten im bejahenden Falle um Angabe der Kredithöhe, sowie der Bedingungen für die Kreditbenutzung.

4. Am 21. März 19.. erklären sich Fellner & Co., Berlin, bereit, den gewünschten Blankokredit in der Höhe von 35000 bis 40000 M. zu gewähren und nennen als Bedingungen: $^1/_8$% Provision, $^1/_2$% über oder unter dem jeweiligen Banksatze und selbstausgelegte Spesen.

5. Am 26. März 19.. acceptieren Hermann & Hild, Magdeburg, diese Bedingungen, wiederholen sie der Ordnung halber, und beginnen sogleich den Verkehr, indem sie zur Gutschrift per Verfall übersenden:

M. 1616,50 per 15./5. a/Lienhardt & Co., Berlin,
„ 2715,85 per 31./5. a/Frohner & Sohn, Tempelhof b. B.
M. 4332,35

Zugleich avisieren sie ihre Abgaben

M. 1500,— per 18./4. o/Fink & Sohn,
„ 1500,— per 30./4. o/T. Schaller.
M. 3000,—

6. Am 27. März 19.. bestätigen Fellner & Co., Berlin, den Empfang der Wechsel und sichern den beiden Tratten Schutz zu.

7. Am 5. April 19.. ersuchen Hermann & Hild, Magdeburg, für ihre Rechnung an Wilhelm König, Wien (II Tabor-Str. 6) K 750,— am 15. April d. J. auszahlen zu lassen.

8. Am 7. April 19.. berechnen Fellner & Co., Berlin, die Auszahlung in Wien wie folgt:

K 750,— Auszahlung am 15./4. à 84,90	M.	636,75
Kourtage	„	—,35
Val. 7./4.	M.	637,10

9. Am 30. Juni 19.. senden Fellner & Co., Berlin, an Hermann & Hild, Magdeburg, Kontokorrentabrechnung (nach deutscher oder französischer Methode berechnet). Das Soll des Kontokorrents enthält $^1/_8$% Provision. Die Zinsen sind mit 6 bezw. 5% berechnet (da der Banksatz $5^1/_2$% beträgt), die Spesen betragen 1 M. 45 Pf.; Kontokorrentbegleitbrief.

10. Am 7. Juli 19.. anerkennen Hermann & Hild, Magdeburg, die Richtigkeit des ihnen übersandten Rechnungsauszuges.

II.

1. Am 6. Juli 19.. senden Winkler & Co., Chemnitz, an Hermann & Co., Bankgeschäft, Leipzig:

M. 1600,— per 15./8. a/Fink & Co., Leipzig,
„ 1700,— per 31./8. a/Kroll & Schröter, Leipzig,

zur Diskontierung und Übersendung der Valuta durch den Reichsbankgiroverkehr.

2. Am 7. Juli 19.. nehmen Hermann & Co., Leipzig, die beiden Wechsel in Diskont, berechnen $5^5/_8$% Diskontzinsen und überweisen die Valuta durch die Reichsbank.

3. Am 10. Juli 19.. machen Winkler & Co., Chemnitz, der Firma Hermann & Co., Leipzig, nachdem sie auf Reichsbank-Girokonto für die beiden Wechsel kreditiert worden sind, Entlastungsanzeige.

III.

1. Am 2. Juni 19.. fragen Werner & Müller, Aue i. S., bei Francke & Co., Leipzig, an, ob diese ihnen gestatten würden, ihre Accepte bei ihnen in Leipzig zahlbar zu stellen und was sie hierfür an Provision und Kosten berechnen würden.

2. Am 3. Juni 19.. antworten Francke & Co., Leipzig, der Firma Werner & Müller, Aue i. S., dass sie nichts dagegen einzuwenden hätten, wenn Werner & Müller ihre Accepte bei ihnen zahlbar stellen wollen. Hierfür würden sie $^1/_4$% Domizilprovision und die selbstauszulegenden Spesen in Anrechnung bringen. Die Deckung müsste 3 Tage vor Verfall eingesandt werden.

3. Am 16. Juni 19.. teilen Werner & Müller, Aue i. S., der Firma Francke & Co., Leipzig, mit, dass sie ihr Accept

M. 684,50 per 15./9. d. J. o/Hermann Köhler,

bei Francke & Co., Leipzig, zahlbar gestellt haben. Für rechtzeitige Deckung werden sie sorgen.

4. Am 18. Juni 19.. antworten Francke & Co., Leipzig, dass sie davon Kenntnis genommen haben.

5. Am 10. September 19.. übersenden Werner & Müller, Aue i. S., der Firma Francke & Co., Leipzig, durch Postanweisung:

M.	684,50	Wechselsumme,
„	1,75	$^1/_4$% Domizilprovision,
„	—,45	Porti und Zustellungsgebühr für die Postanweisung.
M.	686,70	zum Behufe der Einlösung

ihres Acceptes per 15./9. 19..

6. Am 15. September 19.. übersenden Francke & Co., Leipzig, in einem eingeschriebenen Brief der Firma Werner & Müller, Aue i. S., das eingelöste Accept derselben per M. 684,50.

C. Das Kommissionsgeschäft.

Man nennt Kommissionsgeschäfte die durch Vermittlung eines selbständigen Kaufmanns (Kommissionär) im Auftrag und für Rechnung seines Auftraggebers (Kommittent) abgeschlossenen Ein- oder Verkäufe.

Der Kommissionär schliesst die Geschäfte in seinem eigenen Namen ab. Er erhält für seine Mühwaltung und seine Auslagen eine im voraus vereinbarte Vergütung, die meist nach Prozenten berechnet und Provision genannt wird. Die bei Ausführung des Auftrags entstehenden Kosten und Auslagen gehen zu Lasten des Kommittenten.

Limit-um. Bei vielen Waren ist es dem Kommittenten nicht möglich, den Einkaufs- oder Verkaufspreis im voraus zu begrenzen, er lässt dem Kommissionär freie Hand.

Oder der Kommittent schreibt eine Preisgrenze (Limit-um) vor, das heisst, er bestimmt bei Einkäufen den Höchstpreis, den er bezahlen, bei Verkäufen den Mindestpreis, zu dem er verkaufen will.

Der Kommissionär darf dieses Limit nicht zu Ungunsten des Kommittenten überschreiten. Erzielt er günstigere Preise, so geht der Vorteil zu Gunsten des Kommittenten.

Delkredere heisst die Bürgschaft, die der Kommissionär — nach Vereinbarung mit dem Kommittenten — für den richtigen Eingang der Kaufgelder übernimmt. Hat der Kommissionär das Delkredere übernommen, so haftet er mit seinem eigenen Vermögen für Verluste, die dem Kommittenten durch seine Schuld erwachsen. Für die durch diese Haftung übernommene Verpflichtung erhält er eine weitere Vergütung, Delkredereprovision genannt.

Kourtage. Bedient sich der Kommissionär bei Abschluss eines Geschäfts der Vermittlung eines Maklers (Kourtier), so ist er berechtigt, Maklergebühren (Kourtage) zu berechnen.

Einkaufsrechnung. Der Kommissionär vermittelt den Ankauf der Ware, oft auch ihre Versendung und Bezahlung. Über den Einkauf stellt er eine Einkaufsrechnung aus, in welcher zum Preise, der für die Ware vereinbart ist, die Provision und die Auslagen hinzugerechnet sind, die der Kommissionär gehabt hat.

Verkaufsrechnung. Der Kommissionär übernimmt die zu verkaufende Ware auf Lager (Konsignationsfaktur), oder er vermittelt den Verkauf auf Grund von Angaben, Proben, Mustern. Über den Verkauf stellt er eine Verkaufsrechnung aus, in welcher von dem erzielten Preise Provision und Auslagen, die er gehabt hat, abgerechnet sind.

Konsignationsfaktur. Waren, die der Käufer sehen will, bevor er kauft, ist der Kommittent genötigt, bei seinem Kommissionär zu lagern. Ein solches Lager heisst Kommissionslager, die Rechnung, welche der Verkäufer über die hinterlegten (konsignierten) Waren ausstellt Konsignationsfaktur (-nota, -schein).

Briefwechsel im Kommissionsgeschäft. Abgesehen von dem Briefwechsel, den die Gründung eines Geschäfts oder die Anbahnung neuer Geschäftsverbindungen veranlasst, kommen im Kommissionsgeschäft die folgenden Briefgattungen in Betracht:

Einkaufskommission:

a) Bestellung der Ware;	Der Kommittent an den Kommissionär.
b) Versandanzeige und Rechnung;	„ Kommissionär an den Kommittenten.
c) Empfangsbestätigung;	„ Kommittent an den Kommissionär.
d) Regulierung;	„ Kommittent an den Kommissionär.

Verkaufskommission:

a) Konsignationssendung,	Der Kommittent an den Kommissionär.
b) Empfangsanzeige,	„ Kommissionär an den Kommittenten.
c) Verkaufsanzeige;	„ Kommissionär an den Kommittenten.
d) Regulierung;	„ Kommissionär an den Kommittenten.

Einkaufskommission.

Rauchwaren.

107. Am 15. Januar 19.. teilt Max Werner, Leipzig, durch Zirkular mit, dass er sich als Kommissionär in Rauchwaren etabliert habe und bittet um Aufträge.

108. Am 16. Januar 19.. wiederholt Max Werner, Leipzig, der Firma Simon frères, Paris, gegenüber brieflich sein Dienstanerbieten und giebt an, zu welchen Bedingungen er die Besorgung von Einkäufen übernehmen würde.

109. Am 20. Januar 19.. erklären sich Simon frères, Paris, bereit, Max Werner, Leipzig, mit dem Einkauf von Rauchwaren für ihre Rechnung zu beauftragen und geben ausführlich an, welche Bedingungen sie stellen.

110. Am 22. Januar 19.. erklärt Max Werner, Leipzig, sein Einverständnis mit den von Simon frères, Paris, gestellten Bedingungen und hofft, dass die angeknüpfte Geschäftsverbindung beide Teile befriedigen werde.

111. Am 25. Januar 19.. erteilen Simon frères, Paris, ihrem Kommissionär Max Werner, Leipzig, Auftrag, für sie 6 Bund (gleich 60 Stück) gefärbter Persianer, deren Beschaffenheit und Preis sie vorschreiben, anzukaufen und die Ware als Postpakete über Belgien zu verschicken.

112. Am 28. Januar 19.. meldet der Kommissionär Max Werner, Leipzig, seinen Kommittenten Simon frères, Paris, dass der Auftrag ausgeführt ist und giebt einen kurzen Bericht über die Marktlage.

Verkaufsrechnung vom gleichen Tage:

113, welche vom Verkäufer Bernhard Jung, Leipzig, ausgestellt ist, legt er im Original seinem Briefe bei.

114. Am 1. Februar 19.. bekennen sich die Kommittenten Simon frères, Paris, zum Empfang der Ware und teilen mit, dass sie den Verkäufer Bernhard Jung, Leipzig, ermächtigt haben, den Fakturenbetrag durch Tratte auf sie zu entnehmen.

115. Am gleichen Tage beauftragen die Käufer Simon frères, Paris, den Verkäufer, Bernhard Jung, Leipzig, auf sie zu ziehen.

116. Am 3. Februar 19.. meldet der Verkäufer Bernhard Jung, Leipzig, der Pariser Firma, dass er den Fakturenbetrag durch Tratte erhoben habe.

107.

Max Werner,
Leipzig.
Brühl 280.

Leipzig, den 15. Januar 19..

P. P.

Mit Gegenwärtigem gestatte ich mir, Ihnen ergebenst mitzuteilen, dass ich am hiesigen Platze ein

Rauchwaren-Kommissionsgeschäft

unter der eingetragenen Firma

Max Werner

eröffnet habe.

Meine vieljährige Thätigkeit als Ein- und Verkäufer in der Branche setzt mich in den Stand, allen Anforderungen meiner geehrten Auftraggeber zu genügen.

Nehmen Sie die Versicherung entgegen, dass ich jederzeit bestrebt sein werde, Ihr Vertrauen, um welches ich hierdurch bitte, durch gewissenhafte Wahrung Ihrer Interessen zu rechtfertigen.

Belieben Sie von meiner Unterschrift Kenntnis zu nehmen und mich bei Bedarf mit Ihren geschätzten Aufträgen zu beehren.

Hochachtungsvoll

Ich werde zeichnen:

(Faksimile der Unterschrift des Max Werner.)

Max Werner.

108.

Max Werner,
Leipzig.
Brühl 280.

Leipzig, den 16. Januar 19..

Herren Simon frères, Paris.

Vor einigen Tagen erlaubte ich mir, Ihnen durch Zirkular mitzuteilen, dass ich mich am hiesigen Platze als Kommissionär für Ein- und Verkauf von Rauchwaren aller Art niedergelassen habe.

Da ich besonderen Wert darauf lege, mit Ihrem geschätzten Hause in Verbindung zu treten, so erlaube ich mir, Sie hierdurch nochmals auf mein

Unternehmen aufmerksam zu machen und bei dieser Gelegenheit zu betonen, dass die reichen Erfahrungen, die ich mir im Dienste hervorragender Firmen in der Branche erworben habe, Ihnen für sachkundige Vertretung Ihrer Interessen Gewähr bieten dürften.

Sollten Sie sich entschliessen, mich mit Ihrem Vertrauen zu beehren, so würde ich Ihnen für Einkäufe ausser dem üblichen Ersatz für Barauslagen 2% (zwei vom Hundert) Provision in Anrechnung bringen.

Ich sehe Ihrer geneigten Entschliessung gern entgegen und zeichne, indem ich noch auf die untenstehenden Referenzen verweise, hochachtungsvoll

Max Werner.

Referenzen.

Ludwig Blank & Söhne, Leipzig.
H. Breton & fils, 23, rue de Richelieu, Paris.
M. Cameron & Co., 36, Victoria Street, London E C.

109.

Simon frères,
28, Fbg. Poissonnière,
Paris.

Paris, den 20. Januar 19..

Herrn Max Werner, Leipzig.

Wir besitzen Ihr gefl. Schreiben vom 16. d. M. und erklären uns im Prinzip geneigt, Ihnen den Einkauf von Rauchwaren für unsere Rechnung am dortigen Platze zu übertragen.

Zu diesem Zwecke unterbreiten wir Ihnen unsere Bedingungen wie folgt:

Provision. Wir gewähren Ihnen 2% (zwei vom Hundert) vom Nettobetrag der Originalfakturen, sowie Rückerstattung Ihrer Barverläge. Die Fakturen sind gleichzeitig mit der Ware im Original an uns einzusenden.

Abrechnung. Sie übersenden uns am Schluss eines jeden Kalendervierteljahres einen Kontoauszug und eine Aufstellung Ihrer Provision und Ihrer Barauslagen.

Versendung. Alle an uns abgehenden Waren sind, soweit sie nicht Postpakete bilden, unfrankiert an unseren hiesigen Spediteur L. Thibault zu unserer Verfügung zu schicken; Versicherung decken wir selbst.

Marktberichte. Wir legen grossen Wert darauf, fortwährend über den Stand des Marktes unterrichtet zu sein. Wir bitten deshalb, uns so oft als erforderlich zu berichten.

Wir sehen umgehender Bestätigung unserer Bedingungen gern entgegen und hoffen, dass sich die Geschäftsverbindung für beide Teile nutzbringend und angenehm gestalten möge.

Hochachtungsvoll

Simon frères.

110.

Max Werner,
Leipzig.
Brühl 280.

Leipzig, den 22. Januar 19..

Herren Simon frères, Paris.

Im Besitz Ihres Geehrten vom 20. d. M. erkläre ich mich hierdurch mit den darin enthaltenen Bedingungen einverstanden.

Der Ordnung wegen wiederhole ich dieselben kurz:

Ich übernehme den Einkauf von Rauchwaren für Ihre Rechnung am hiesigen Platze gegen eine Einkaufsprovision von 2% vom Nettobetrag der Fakturen, die ich Ihnen im Original einsende.

Die Abrechnung erfolgt in der Weise, dass ich Ihnen am Schluss eines jeden Kalendervierteljahres einen Kontoauszug sowie eine Aufstellung über Provision und Verläge einsende.

Die Zusendung der Ware erfolgt durch Vermittlung Ihres dortigen Spediteurs, der zugleich Fracht, Versicherung und Verzollung besorgt.

Ich berichte Ihnen so oft als erforderlich über den Stand des Rauchwarengeschäfts am hiesigen Platze, nötigenfalls telegraphisch oder telephonisch.

Ich betrachte nunmehr die Geschäftsverbindung als eröffnet und werde bestens bemüht sein, sie für beide Teile nutzbringend und angenehm zu gestalten.

Ihren geschätzten Aufträgen gern entgegensehend, zeichne ich hochachtungsvoll

Max Werner.

111.

Simon frères.
28, Fbg. Poissonnière,
Paris.

Paris, den 25. Januar 19..

Herrn Max Werner, Leipzig.

Wir besitzen Ihr Geehrtes vom 22. d. M. und erklären uns mit dessen Inhalt einverstanden.

Zugleich ersuchen wir Sie, für uns bei einem leistungsfähigen Hause dort:

6 Bund Persianer

in grosser Mittellocke (Kaffeebohne), mit hohem Glanze in der Preislage von 160—180 Mark auszuwählen.

Falls uns die Ware gefällt, werden wir Ihnen bald weitere belangreiche Aufträge zugehen lassen.

Wir bitten, uns die Sendung in Postpaketen zu 5 kg über Belgien zugehen zu lassen und zeichnen hochachtungsvoll

p. pa. Simon frères

M. Richard.

112.

Max Werner,
Leipzig.
Brühl 280.

Leipzig, den 28. Januar 19..

Herren Simon frères, Paris.

Ihrem Auftrag vom 25. d. M. gemäss liess ich soeben:
60 Stück gefärbte Persianer
in 5 Postpaketen an Sie abgehen.

Nur durch ganz besondere Vergünstigung ist es mir gelungen, diese Ware in der gewünschten Lockung zum Preise von M. 180,— zu erhalten.

Da die Nachrichten aus der Bocharei über den Ausfall der diesjährigen Ernte sehr ungünstig lauten, so werden Persianer einen Preisaufschlag von 20—25 % erleiden.

Einliegend überreiche ich Ihnen die Rechnung Bernhard Jung, hier, im Original.

1 Faktur.

Hochachtungsvoll
Max Werner.

113.

Fol. 315.

Leipzig, den 28. Januar 19..

RECHNUNG
für Herren Simon frères, Paris
von
Bernhard Jung.

Valuta per 6 Monat netto oder ·/. 3 % binnen 30 Tagen.

		Sie kauften und empfingen durch Herrn Max Werner, hier:					
	60	gefärbte Persianer	18	—	M.	1080	—

114.

Simon frères,
28, Fbg. Poissonnière,
Paris.

Paris, den 1. Februar 19..

Herrn Max Werner, Leipzig.

Wir empfingen vorgestern Ihr Geehrtes vom 28. Januar nebst Rechnung Bernhard Jung; soeben treffen auch die darin avisierten 5 Postpakete ein.

Die Auswahl der Persianer befriedigt uns noch nicht ganz. Die Ware ist zwar grosslockig und glänzend, aber zu weich im Haar, nicht fest und gedrungen genug.

Herrn Bernh. Jung haben wir veranlasst, den Rechnungsbetrag von M. 1080,— abzüglich 3% Skonto, zum Tageskurse in Franken umgerechnet, per ultimo März auf uns zu entnehmen.

Hochachtungsvoll

p. pa. Simon frères
M. Richard.

115.

Simon frères,
28, Fbg. Poissonnière,
Paris.

Paris, den 1. Februar 19..

Herrn Bernhard Jung, Leipzig.

Für den Fakturenbetrag der uns durch Herrn Max Werner dort übersandten 60 Stück gefärbte Persianer, die heute ordnungsmässig hier eintrafen, belieben Sie sich, mit:

	M.	1080,—	
abzüglich	„	32,40	3% Skonto
	M.	1047,60	per ultimo März d. J.

zum Tageskurs unter Anzeige auf uns zu erholen.

Hochachtungsvoll

Simon frères.

116.

Max Werner,
Leipzig.
Brühl 280.

Leipzig, den 3. Februar 19..

Herren Simon frères, Paris.

Der mir am 1. d. M. erteilten Ermächtigung gemäss gab ich heute:

Frs. 1296,55 per ultimo März d. J.

auf Sie ab, welche ich zum Kurs von:

80,80 t. q. =	M.	1047,60
zuzüglich 3% Skonto =	„	32,40
mit	M.	1080,—

zur Begleichung meiner Faktur vom 28. Januar d. J. verwendete.

Hochachtungsvoll

Bernhard Jung.

Verkaufskommission.

Leder.

117. Am 4. Mai 19.. bietet die Kommissionsfirma L. Ernst & Söhne, Leipzig, dem Exportgeschäft Friedrich Kern, Hamburg, unter Angabe von Referenzen und Kommissionsbedingungen ihre Dienste als Verkäufer in Sohlleder an.

118. Am 11. Mai 19.. erklärt sich Friedrich Kern, Hamburg, zu einer Konsignationssendung unter den angegebenen Bedingungen bereit, wünscht aber Herabminderung der Verkaufskommission. Dem Briefe liegt:

119. Die Konsignationsfaktur über die am gleichen Tage abgehende Sendung Sohlleder bei.

120. Am 20. Mai bekennen sich L. Ernst & Söhne, Leipzig, zum Empfang der Ware, bei deren Übernahme sich eine kleine Gewichtsdifferenz ergeben hat, und erklären sich bereit, die Verkaufsprovision von $2^1/_2\,\%$ auf 2 % zu ermässigen.

121. Am 31. Mai 19.. zeigen L. Ernst & Söhne ihrem Kommittenten durch Depesche und Brief an, dass sie die Konsignationssendung zum limitierten Preise verkauft haben; sie legen:

122. Verkaufsrechnung bei, deren Betrag sie nach Eingang beim Bankhause des Kommittenten: Dresdener Bank, Filiale Leipzig, erlegen werden.

123. Am 30. Juni 19.. zeigen die Leipziger Kommissionäre ihrem Kommittenten in Hamburg an, dass sie den Betrag der Verkaufsrechnung vom 31. Mai bei der Dresdener Bank, Filiale Leipzig, eingezahlt haben und bitten um Gutschrift.

117.

L. Ernst & Söhne.
Leder-Kommission.
Leipzig,
Brühl 96.

Leipzig, den 4. Mai 19..

Herrn Friedrich Kern, Hamburg.

Ihre werte Adresse verdanken wir Herrn Kurt Hermann, dort, der uns gleichzeitig gestattet hat, uns auf ihn zu berufen und auch gern bereit sein wird, Ihnen jede erwünschte Auskunft über uns zu erteilen.

Unser Leder-Kommissionsgeschäft besteht seit fast zehn Jahren und erfreut sich eines lebhaften Zuspruchs seitens der Konsumenten am hiesigen Platze und in ganz Sachsen.

Sollten Sie geneigt sein, uns mit dem kommissionsweisen Verkauf Ihrer Sohlenleder und Kipse zu beauftragen, so können wir Ihnen in preiswerter Ware einen bedeutenden Umsatz in sichere Aussicht stellen.

Für unsere Vermittelung würden wir Ihnen $2\frac{1}{2}\,\%$ Provision berechnen und um Rückvergütung sämtlicher Auslagen zuzüglich des der Kundschaft zu gewährenden Skontos bitten.

Wir geben uns der Hoffnung hin, dass Ihnen diese Bedingungen genehm sein werden und zeichnen, Ihrer geneigten Antwort gern entgegensehend,

hochachtungsvoll

L. Ernst & Söhne.

118.

Friedrich Kern,
Rohprodukten-
Import und Kommission.
Girokonto: Filiale der Dresdener Bank,
Hamburg.
Telegrammadresse: Kernleder.

Hamburg, den 11. Mai 19..

Herren L. Ernst & Söhne, Leipzig.

Im Verfolg Ihres gefl. Schreibens vom 4. d. M. bin ich nicht abgeneigt, Ihnen die kommissionsweise Vertreibung meiner Sohlleder und Kipse am dortigen Platze und für das Königreich Sachsen zu übertragen.

Bevor wir uns beiderseitig binden, möchte ich Ihnen eine Wagenladung Sohlleder zu den angegebenen Bedingungen in Konsignation geben.

Ich hoffe, dass Sie sich unter Berücksichtigung der Preiswürdigkeit meiner Ware entschliessen werden, die geforderte Verkaufsprovision von $2\frac{1}{2}\,\%$ auf $2\,\%$ zu ermässigen.

Ein solches Entgegenkommen Ihrerseits würde selbstverständlich meine endgiltige Entschliessung wesentlich erleichtern; der grössere Umsatz würde Sie für den Ausfall sehr bald entschädigen.

Ich darf mich wohl einer wohlwollenden Berücksichtigung meines Vorschlags versichert halten und übersende Ihnen heute direkt und franko in Wagenladung, zum kommissionsweisen Verkauf:

80 Bürden Sohlleder,

worüber ich Ihnen Konsignationsrechnung beifüge.

Ich bitte, mir den Eingang der Ware sofort anzuzeigen und sehe baldiger Zusendung der Verkaufsrechnung gern entgegen.

Sollte ein kleiner Preisnachlass Ihnen den Verkauf des ganzen Postens ermöglichen, so bitte ich um telegraphische Mitteilung.

Eingänge zu Gunsten meines Kontos bitte bei der dortigen Filiale der Dresdener Bank erlegen zu wollen.

Hochachtungsvoll

Friedrich Kern.

Konsignationsfaktur.

119.

Friedrich Kern,
Rohprodukten-
Import und Kommission.
Girokonto: Filiale der Dresdener Bank, Hamburg.
Telegrammadresse: Kernleder.

Hamburg, den 11. Mai 19..

Konsignationsfaktur

für Herren L. Ernst & Söhne, Leipzig.

Ich versandte heute per Bahn, direkt und franko an Ihre Adresse, *zum provisionsweissen Verkauf:*

		auf meine Rechnung und Gefahr mit Ziel 6 Monat.. oder per Kasse mit 2 %₀ Skonto:
F. K.	1—40	An 40 Bürden Sohlleder I 8010 Pf. à 1,10
F. K.	41—60	„ 20 „ do. II 4005 „ à 1,—
F. K.	61—80	„ 20 „ do. III 3810 „ à —,80

120.

L. Ernst & Söhne,
Leder-Kommission.
Leipzig,
Brühl 96.

Leipzig, den 20. Mai 19..

Herrn Friedrich Kern, Hamburg.

Soeben ist die mit Ihrem Geehrten vom 11. d. M. fakturierte Wagenladung Sohlleder eingetroffen.

Wir haben die Ware sofort auf Lager genommen und dabei einen kleinen Gewichtsverlust konstatiert.

Die Qualität entspricht unseren Erwartungen und glauben wir, auf schlanken Absatz rechnen zu dürfen.

Ihren Wunsch, die Verkaufsprovision von $2\frac{1}{2}$ auf 2 % ermässigt zu sehen, haben wir ernstlich erwogen und erklären uns hierdurch bereit, denselben zu erfüllen, obgleich wir bisher noch nie zu diesem niedrigen Satze gearbeitet haben.

Wir gehen bei unserer Entschliessung von der Annahme aus, dass grössere Umsätze uns für den Ausfall entschädigen werden und bitten, uns den Vertrieb Ihrer Ware durch geeignete Auswahl bei den Konsignationssendungen, bei grossen Sendungen wohl auch durch entsprechenden Preisnachlass, zu erleichtern.

Für die heute eingegangene Sendung bringen wir bereits den Provisionssatz von 2 % in Anrechnung.

Hochachtungsvoll

L. Ernst & Söhne.

121.

Telegraphie des Deutschen Reichs.

Kernleder Hamburg verkauften Sohlleder nach Limit. Ernst Söhne.

L. Ernst & Söhne,
Leder-Kommission,
Leipzig,
Brühl 96.

Leipzig, den 31. Mai 19..

Herrn Friedrich Kern, Hamburg.

Wir bestätigen unsere Depesche: „Verkauften Sohlleder nach Limit“ und überreichen Ihnen beigeschlossen über die von uns am 20. d. M. auf Lager genommene Ledersendung Verkaufsrechnung, laut welcher Ihr wertes Konto mit:

M. 15 211,45 per Kasse

erkannt wurde.

Anschaffung werden wir Ihnen aufgabegemäss durch Filiale der Dresdener Bank sofort nach Eingang zugehen lassen.

Da es uns schnell gelungen ist, den Verkauf unter voller Wahrung Ihrer Interessen zu bewerkstelligen, dürfen wir weiteren Konsignationen wohl entgegensehen und zeichnen

Hochachtungsvoll

L. Ernst & Söhne.

Verkaufsrechnung.

122.

Verkaufsrechnung

über 80 Bürden Sohlleder für Rechnung von

Herrn Friedrich Kern, Hamburg,

von

L. Ernst & Söhne.

F. K.	1—40	40 Bürden Sohlleder I Manko 3 Pf. 8007 Pf. à 1,10	M.	8807	70
F. K.	41—60	20 „ „ II „ 6 „ 3999 „ à 1,—	„	3999	—
F. K.	61—80	20 „ „ III „ 6 „ 3804 „ à 0,80	„	3043	20
			M.	15849	90
		Spesen:			
		ab Roll- und Wiegegebühren M. 3,65			
		2 % Skonto . . . . . . „ 317,—			
		2 % Provision . . . . . „ 317,—			
		Depesche und Porti . . . „ —,80		638	45
		Reinertrag per kontant	M.	15211	45

123.

L. Ernst & Söhne,
Leder-Kommission,
Leipzig,
Brühl 96.

Leipzig, den 30. Juni 19..

Herrn Friedrich Kern, Hamburg.

Zum Ausgleich der Ihnen am 31. Mai d. J. behändigten Verkaufsrechnung erlegten wir heute bei der hiesigen Filiale der Dresdener Bank zu Ihren Gunsten:

M. 15 211,45,

um deren gefl. Gutschrift wir bitten.

Hochachtungsvoll

L. Ernst & Söhne.

D. Das Speditionsgeschäft.

Man nennt Speditionsgeschäft die gewerbsmässig für Rechnung des Auftraggebers (Absenders) bewirkte Versendung von Waren (Gut, Speditionsgut).

Der Spediteur besorgt die Versendung, Umladung, Empfangnahme, Weiterbeförderung und Einlagerung der Güter in seinem eigenen Namen.

Ausser der Versendung des Gutes vermittelt der Spediteur sehr häufig dessen Versicherung bei einer Transportversicherungsgesellschaft; er besorgt die Einziehung der Geldbeträge, die in Form von Nachnahmen oder Vorausbezahlungen auf das Gut erhoben werden können, und erledigt die Formalitäten, die zu erfüllen sind, wenn das Gut über die Zollgrenze geht.

Bei der Beförderung zu Lande oder auf Binnenwässern bedient sich der Spediteur der Vermittlung der Frachtführer (Fuhrleute, Eisenbahnen, Schiffer); bei Beförderung zur See der Vermittelung des Verfrachters (Rheder, Charterer).

Die Versicherung erstreckt sich: auf Verlust des Gutes; auf Beschädigung des Gutes; auf verspätete Lieferung des Gutes.

Die Gebühr, welche die Versicherungsgesellschaft für die übernommene Ersatzpflicht erhebt, heisst Prämie; der Versicherungsvertrag wird Police genannt. Lautet der Versicherungsvertrag auf sämtliche Transporte, die der Versicherte innerhalb eines gewissen Zeitraums anmeldet, so spricht man von einer Pauschal- oder Generalpolice.

Die Fracht wird entweder vom Absender oder vom Empfänger des Gutes erlegt. Trägt der Empfänger die Fracht, so pflegt sich der Spediteur durch Nachnahme oder Barvorschuss für seine Auslagen und seine Mühwaltung bezahlt zu machen. Im überseeischen Verkehr sind Gelderhebungen auf Versandgüter nicht üblich. In Hafenplätzen wird deshalb die Auszahlung der Nachnahmen und Barvorschüsse einem Bankhaus übertragen, bei dem der Spediteur die Gelder erhebt.

Trägt der Absender die Fracht, so zahlt er entweder: den wirklichen Frachtsatz (reine Bahnfracht, reine Seefracht) zuzüglich der Nebenkosten, die ihm der Spediteur einzeln verrechnet und einer Speditionsprovision, die je nach Art des Transportes als Rollgeld, Einladekosten, Ausladekosten u. s. w. bezeichnet wird, oder er vereinbart mit dem Spediteur einen Frachtsatz in Bausch und Bogen (Übernahmesatz, Übernahmepreis, Aversionalfracht); in diesem vereinbarten Preis sind dann sämtliche Nebenkosten enthalten.

Zwischen Spediteur einerseits und Frachtführer und Verfrachter andererseits beschränkt sich der schriftliche Verkehr auf die Ausfertigung der Begleitpapiere: Frachtbrief, Ladeschein, Versandaufgabe, Anlieferungsschein, Konnossement, Zolldeklaration, Begleitschein u. s. w.

Der Briefwechsel des Spediteurs ist bei der vielseitigen Thätigkeit desselben sehr mannigfaltig, wenn Geschäftseröffnung, Anknüpfung neuer Geschäftsverbindungen, Erledigung von Schadenersatzansprüchen und Streitigkeiten aller Art berücksichtigt werden sollen.

Dagegen ist der regelmässige briefliche Verkehr zwischen Spediteur einerseits und Absender oder Empfänger des Gutes andererseits sehr einfach; er wird zum grossen Teil durch Ausfüllung vorgedruckter Brief- oder Postkartenformulare erledigt und erstreckt sich auf folgende Fälle:

Versandbedingungen	Der Absender (Empfänger) an den Spediteur. Der Spediteur an den Absender (Empfänger).
Auftragserteilung	Der Absender (Empfänger) an den Spediteur. Der Spediteur an den Absender (Empfänger).
Ausführungsanzeige	Der Spediteur an den Absender (Empfänger). Der Empfänger an den Spediteur.
Abrechnung	Der Spediteur an den Absender. Der Absender an den Spediteur.

Massengut für Fluss- und Bahntransport.

124. Am 15. April 19.. zeigt der Speditions-Verein, A.-G. Wallwitzhafen durch Zirkular an, dass die Elbe eisfrei ist und die Schiffahrt wieder begonnen hat.

125. Am 28. Mai 19.. sendet der Speditions-Verein, A.-G. Wallwitzhafen an Ferd. Richter, Leipzig, Übernahmspreise und empfiehlt Frachtabschlüsse zu machen.

126. Am 15. Juni 19.. bittet Ferdinand Richter, Leipzig, den Speditions-Verein, A.-G. Wallwitzhafen um Übermittelung der für ihn per Kahn eingehender Reissendung. Er schreibt Verzollung vor und legt Ladeschein bei.

127. Am 23. Juni 19.. zeigt der Speditions-Verein, A.-G. Wallwitzhafen den Empfang des Ladescheins und Eingang des Gutes an.

128. Am 25. Juni 19.. überreicht der Speditions-Verein, A.-G. Wallwitzhafen Versand-Aufgabe über die Reissendung.

129. Am 25. Juni 19.. überreicht der Speditions-Verein, A.-G. Wallwitzhafen Nota über die Verzollung und Auslagen.

130. Am 26. Juni 19.. benachrichtigt der Speditions-Verein, A.-G. Wallwitzhafen den Empfänger von der Absendung des Gutes.

131. Am 30. Juni 19.. teilt Ferdinand Richter, Leipzig, dem Speditions-Verein, A.-G. Wallwitzhafen mit, dass er die Fracht bei der Zahlstelle in Leipzig erlegt hat.

124.

Speditions-Verein.

Wallwitzhafen.

Telegramm-Adresse: Speditverein Dessau.
Telephon: No. 71 u. 81 (Amt Dessau).

Wallwitzhafen, den 15. April 19..

P. P.

Nachdem der Verkehr auf der Elbe im vollen Umfang wieder aufgenommen worden ist, beehren wir uns, Ihnen anbei die neuesten Zusammenstellungen der Eisenbahnfrachten ab Staatsbahnhöfe

Wallwitzhafen Wittenberg Torgau

nach allen wichtigeren Verkehrspunkten zur gefl. Kenntnisnahme zu überweisen.

Bei dieser Gelegenheit sei es uns gestattet, Ihnen unsere Speditionsvermittlung für Ihre ein- und ausgehenden Sendungen in empfehlende Erinnerung zu bringen.

Es würde uns freuen, wenn Sie Veranlassung nehmen wollten, über unsere Dienste zu verfügen; sorgfältigster Bedienung und billigster Frachtsätze dürfen Sie sich versichert halten.

Hochachtungsvoll

p. pa. Speditions-Verein A.-G.

Höfer. Kluge.

125.

Speditions-Verein, A.-G.
Wallwitzhafen.
Telegramm-Adresse: Speditverein Dessau.
Telephon: No. 71 u. 81.

Wallwitzhafen, den 28. Mai 19..

Herrn Ferdinand Richter, Leipzig.

Infolge des günstigen Wasserstandes sind die Flussfrachten zur Zeit sehr niedrig.

Es empfiehlt sich deshalb, die Frachten für spätere Verladungen jetzt einzudecken.

Wir sind in der Lage, Ihnen Frachtübernahme zu den unten verzeichneten aussergewöhnlich billigen Frachtsätzen zu offerieren und sehen Ihren gefl. Aufträgen gern entgegen.

Hochachtungsvoll

p. pa. Speditions-Verein A.-G.

Höfer. Kluge.

Heutige Sätze für grössere Posten schweres Massengut sind:

Von frei Kahn	Hamburg	bis frei Kahn hier	55	Pfennige
„ „ „	Tetschen/Laube	„ „ „ „	58	Pfennige

per 100 Kilogramm.

126.

Ferdinand Richter, Leipzig.
Landesprodukten en gros.

Leipzig, den 15. Juni 19..

Speditions-Verein.

Mittelelbische Hafen- und Lagerhaus-Aktien-Gesellschaft,

Wallwitzhafen b. Dessau.

Von der Hamburger Reismühle, Hamburg, gehen Ihnen laut einliegendem Ladeschein zu meiner Verfügung

per Kahn No. 170, Schiffer Hansen

F. R. 1/30 30 Blln. Reis B°. 3300 kg.

zu, welche Sie nach Ankunft sofort in Sammelladung an meine Adresse nach hier senden wollen.

Die Verzollung belieben Sie für meine Rechnung dort vorzunehmen und mir über Zoll, Fracht und Spesen ehestens Nota aufmachen.

1 Ladeschein.

Hochachtungsvoll

Ferdinand Richter.

Ladeschein

der Deutsch-Österr. Dampfschiffahrt, Akt.-Ges.
zu Dresden-A.

Stempel der Empfangs-Stelle:

Versicherungssumme: M. 1200,—
einschliesslich 10% erwarteten Gewinn, Fracht und Zoll.

Nachnahme: ____________

Wir bekennen, auf Grund unserer Verfrachtungs-Bedingungen, welche auch für Absender und Empfänger verbindlich sind, von der Hamburger Reismühle *zur Beförderung nach* Wallwitzhafen *auf Frachtschiff No.* 170 *Schiffsführer* Hansen, *Ladung* Nr. 67 *übernommen zu haben:*

Zeichen und Nummer	Anzahl	Art der Verpackung oder Mass	Inhalt	Brutto-Gewicht kg	Besondere Bemerkungen über Land der Herkunft des Gutes, steueramtliche Begleitpapiere, Melde-Adressen bei Order-Sendungen, Weiterbeförderung u. s. w.
F.R. 1/30	30	Blln.	Reis	3300	Brit. Indien
Zur	Verfügung		des Herrn Ferd. Richter, Leipzig		m/Begleitschein I u. rot. statist. Schein

Rechnung Frankatur-Vermerk:	für 100 kg	M.	Pf.
Nachnahme			
Fracht bis Wallwitzhafen . . .	55	18	15
Einladekosten .			
Ausladekosten .			
Abnahmegebühr in Hamburg .	20	6	60
Überladegebühr in Hamburg .	5	1	65
Lieferungsgeb. in Hamburg .			
Schleusengeld in Hamburg .		—	90
Schlepplohn in Hamburg . . .			
Aussergewöhnliche Kosten bei der Abnahme und Lieferung . .			
Ufergeld, Krangeld, Wiegegeld, Schuppengeb. .			
Statistische Gebühr		—	35
Zollabfertigung in Hamburg .		—	50
Zollverlag . . .			
Provision für Nachnahme .			
Provision für Zollverlag . .			
Porti, Ladescheine			
Versicherungsgebühr			
zus.		28	15

und verpflichten uns, dieses Gut an den Speditions-Verein Wallwitzhafen *gegen Zahlung der nebenstehenden Nachnahme und Fracht, sowie der nach den Verfrachtungs-Bedingungen zu berechnenden Nebengebühren und Verläge auszuliefern.*

Zur Anerkennung des richtigen Empfanges der Ware wurden zwei *für einfach gültige Ladescheine von uns unterfertigt, wovon einer als Frachtbrief dient.*

Hamburg, am 12. Juni 19 . .

Unterschrift der Expedition

....

Stempel der Abgangs-Stelle:

Anerkannt durch Unterschrift des Absenders:
(nur in dem als Frachtbrief dienenden Ladeschein erforderlich)

....

Anerkannt durch Unterschrift des Schiffsführers:
Friedr. Hansen.

127.

Import.

Speditions-Verein, A.-G.
Wallwitzhafen.

Wallwitzhafen, den 23. Juni 19 . .

Herrn Ferdinand Richter, Leipzig.

Ihrem Geehrten vom 15. d. M. entnahmen wir Ladeschein über hier eingetroffene:

F. R. 1—30 30 Blln. Reis Bo. 3300 kg,
p. Kahn No. 170 Schiffer Hansen,

für deren freundl. Überweisung wir Ihnen bestens danken.

Wir werden die Ware auf Grund der nebenstehenden Bedingungen nach Vorschrift:

.... Ihrer eigenen ....

behandeln und empfehlen uns inzwischen

Schiffer Hansen ist heute Mittag hier eingetroffen und erfolgt die Entlöschung und Expedition der 3300 kg Reis morgen.

Hochachtungsvoll

Speditions-Verein A.-G.

128.

Speditions-Verein A.-G.
Wallwitzhafen bei Dessau.

Versand-Aufgabe

für Herrn Ferdinand Richter, Leipzig.

Bestimmte Lieferfristen sind für uns nur nach vorheriger ausdrücklicher Abmachung verbindlich. Einseitig vorgeschriebene Fristen haben keinerlei rechtliche Gültigkeit. Vereinbarungen wegen Übernahme und Lieferfristen werden durch Mobilmachung und Krieg, sowie durch Arbeiterausstände, Eisgefahr, Wagenmangel und sonstige Betriebsstörungen aufgehoben. Für die Folgen verspäteter Lieferung wird nicht gehaftet. Alle Expeditionen geschehen auf Grund der Transport-Bedingungen der beteiligten Verkehrsanstalten unter Ausschluss unserer weiteren Haftung. Assekuranzen decken wir nur nach Auftrag und gewähren in Schadenfällen diejenige Vergütung, welche die Versicherungsgesellschaft bezahlt, nach Abzug etwaiger Ansprüche der Steuerverwaltung und unserer eigenen Forderungen.

Wagen No.	Marke	Nummer	Anzahl	Kolli	Inhalt	Gewicht kg	Empfänger, Ort und Station	Bemerkungen
				Ex „D. Oe.“ *) Kahn No. 170 Steuermann Hansen.				
				Von Sendung der Hamburger Reismühle, Hamburg.				
	F.R.	1/30	30	Blln.	Reis	3295	Verladen wir in nächster Sammelladung franko Haus an Ihre werte Adresse nach dort.	verzollt

Wallwitzhafen, den 25. Juni 19..

Speditions-Verein A.-G.

*) Firma, siehe Ladeschein S. 90.

129.

Import.

Speditions-Verein A.-G.

Wallwitzhafen, den 25. Juni 19..

Herrn Ferdinand Richter, Leipzig.

Mit Gegenwärtigem machen wir Ihnen die höfliche Anzeige, dass wir gefl. Order zufolge per „D. Oe.“ Schleppkahn Nr. 170, Steuermann Hansen, von der Hamburger Reismühle, Hamburg, empfangene

F. R. 1/30. 30 Blln. Reis lt. Konnoss. 3300 kg

hier 3295 kg

verzollt ....
laut unserem Spezial-Avis ....

an Ihre werte Adresse nach dort verladen werden.

Die Spesen darauf laut nachstehender Nota im Betrage von:

M. 191,15 bitten uns gefl. gutzuschreiben.

Hochachtungsvoll

Speditions-Verein, A.-G.

Nota.

Debet.

		Mark	Pf.	Mark	Pf.
N.S.B. Fol. 86 nachgerechnet von Bl.	*Abnahmegebühr in* Hamburg 20 Pf. Porto . .	6	60		
	Ueberladegebühr in „ 5 „ „ . .	1	65		
	Schleusengeld	—	90		
	Statistische Gebühr und Zollabfertigung in Hamburg	—	85		
	Fracht bis hier a/3300 kg à 55 Pf. % kg . .	18	15		
	Übernahme bis Leipzig, Berliner Bahnhof à 61 Pf. % kg	20	10		
	Zoll a. 3295 kg. M. 4.— % kg	131	80		
	Zollprovision 1%	—	15		
	Ufergeld à 6 Pf. % kg	2	—		
	Rollgeld a/3300 kg à 20 Pf. % kg	6	60		
	Deklaration und Revision	1	65		
	Reparatur und Porti	—	70		
				191	15
	Zahlbar per kontant in Reichswährung direkt portofrei oder an unsere Zahlungsstellen:			S.E.&O.	
	Hamburg: Commerz- und Discontobank; Leipzig: Allgemeine Deutsche Credit-Anstalt; Dessau: Anhalt-Dessauische Landesbank.				
	Giro-Konto bei der Reichsbanknebenstelle Dessau.				

130.

Speditions-Verein, A.-G.
Wallwitzhafen.
Telegramm-Adresse: Speditverein Dessau.
Telephon: No. 71. u. 81.

Wallwitzhafen, den 26. Juni 19..

Herrn Ferdinand Richter, Leipzig.

Wir haben das Vergnügen, Sie zu benachrichtigen, dass wir von

der Hamburger Reismühle, Hamburg,

das unten verzeichnete Gut empfangen und heute durch Sammelladung an Ihre werte Adresse abgerichtet haben.

Unsere Auslagen und Spesen betragen laut gestriger Nota:

M. 191,15.

Wir wünschen besten Empfang und bitten uns von richtig erfolgter Übernahme gefl. in Kenntnis zu setzen.

Hochachtungsvoll

p. pa. Speditions-Verein, A.-G.
Höfer. Kluge.

131.

Ferdinand Richter,
Leipzig.

Leipzig, den 30. Juni 19..

Speditions-Verein, A.-G., Wallwitzhafen.

Die mittelst Sammelladung an mich abgegangenen:

F. R. 1—30 30 Sack Reis

sind in meinem Besitz.

Den Betrag Ihrer Nota vom 25. d. M.:

M. 191,15

zahlte ich laut beiliegender Quittung der Allgemeinen Deutschen Creditanstalt, hier ein und bitte um gefl. Gutschrift.

Hochachtungsvoll

Ferdinand Richter.

Stückgut für Fluss- und Seetransport.

132. Am 15. Juli 19.. bitten die Spediteure Altdorfer & Co., Mainz, die Firma W. Müller & Co., Frankfurt a. M., um Versandinstruktionen.

133. Am 16. Juli 19.. bestätigen W. Müller & Co., Frankfurt a. M., der Firma Altdorfer & Co., Mainz, die früher vereinnahmten Übernahmssätze und erteilen Versandinstruktionen.

134. Am 17. Juli 19.. zeigen Altdorfer & Co., Mainz, der Firma W. Müller & Co., Frankfurt a. M., die Weiterbeförderung des Gutes an.

Verladeschein.

Versicherungsanmeldung.

Bordereau.

135. Am 24. Juli 19.. zeigen Hobard & Zoon, Rotterdam, die Verladung nach Lissabon an und bitten um Gutschrift für den Betrag ihrer Spesennota.

136. Am 26. Juli 19.. übersenden Altdorfer & Co., Mainz, Spesennota an W. Müller & Co., Frankfurt a. M.

137. Am 27. Juli 19.. teilen W. Müller & Co., Frankfurt a. M., der Firma Altdorfer & Co., Mainz, mit, dass sie den Spesenbetrag durch Reichsbank überwiesen haben.

138. Am 29. Juli 19.. bestätigen Altdorfer & Co., Mainz, den Empfang des Geldes.

132.

Herren W. Müller & Co., Frankfurt a. M.

Von der Maschinenfabrik Langenschwalbach erhalten wir Avis über zu Ihrer Verfügung durch Bahn an unsere Adresse verladene:

M. L. 1/5, 5 Kisten Maschinenteile B: 2463 kg,

worüber wir uns Ihre Versandinstruktionen erbitten.

Mainz, den 15. Juni 19.. Hochachtungsvoll

Telephon 274. Alfred Altdorfer & Co.
(G. m. b. H.)

133.

Frankfurt a. M., den 16. Juli 19..

Herren Alfred Altdorfer & Co., G. m. b. H., Mainz.

In höfl. Beantwortung Ihrer gestrigen Karte bitten wir Sie, die Ihnen aus Langenschwalbach zugesandten M. L. 1/5, 5 Kisten Maschinenteile, laut einl. Inhaltsverzeichnis, franko Fracht, an Order nach Lissabon, zu der uns gestellten Übernahme M. 5,80 per 100 kg ab dort zu verladen; Transportversicherung à $^{3}/_{4}\,^{0}/_{0}$ wie offeriert, ebenfalls zu unseren Lasten; Wert zur Versicherung: M. 4500.

Konnossement, in duplo ausgefertigt, belieben Sie uns nach Verladung prompt zugehen zu lassen.

Hochachtungsvoll

W. Müller & Co.

134.

Mainz, den 17. Juli 19..

Herren W. Müller & Co., Frankfurt a. M.

Die uns mit Ihrem Werten vom 16. d. M. gütigst avisierte Sendung M. L. 1/5. 5 Kisten Maschinenteile ab Langenschwalbach, hat Ihrer Vorschrift gemäss prompte Weiterbeförderung gefunden; Konnossement und Nota folgen.

Hochachtend

Alfred Altdorfer & Co.
G. m. b. H.

Rhein-Dampfschiffahrt.

Kölnische und Düsseldorfer Gesellschaft.

No. 111 *Nachnahme Mark* ..—.. *Pf.* ..—..

Empfangen von Herren Alfred Altdorfer & Co., G. m. b. H., *zur Verladung durch das Dampfschiff nach* Rotterdam *unter den Bestimmungen des Deutschen Binnenschiffahrtsgesetzes vom 15. Juni 1895 und den umstehenden zusätzlichen Verladungsbedingungen nachstehende Waren und Effekten, nämlich:*

Zeichen	*Nummer*	*Zahl*	*Art und Inhalt der Kolli nach Angabe des Absenders*	*Angebliches Gewicht in kg*
M. L.	1/5	5	Kisten Maschinenteile	2463

Berechnung.

	M.	*Pf.*
Nachnahme		
Für Fastage		
„ *Rollgeld*		
„ *Werftgeld* . . .		
„ *Fracht*		
„ *Werft-, Wag- u. Brückengeld*		
„ *Emmericher Zollspesen* . . .		
Summa		

Gezeichnet und numeriert wie oben angegeben und zur Verfügung zu stellen an die Adresse

der Herren Hobard & Zoon, Rotterdam

gegen Zahlung der Fracht und ohne Nachnahme.

Zur Erfüllung vorstehender Verbindlichkeit wurden zwei gleichlautende Konnossemente unterzeichnet, wovon, wenn das eine erfüllt sein wird, das andere unwirksam ist.

Ausgefertigt zu Mainz, den 17. Juli 19..

Der Verlader

Alfred Altdorfer & Co., G. m. b. H.
Spediteure.

Die Agentur

Alfred Altdorfer & Co., G. m. b. H.
Spedition-Schiffahrt,
Frankfurt a. M.

Badische Schiffahrts-Assekuranz-Gesellschaft in Mannheim.

Versicherungs-Anmeldungen und Veränderungen.

Agentur: Mainz. ...... *Transport.*

Abon.-Pol.-No.	*Lauf. No.*	*Datum*	*Name und Wohnort des Versicherten*	*Name des Maklers*	*Versicherte Reise*		*Name des*		*Schiffsklasse und Flagge*	*Versicherungs-Gegenstand*		*Versicherungs-Summe*	*Prämie*	*Courtage*	*Rabatt*	*Besondere Bedingungen*	*Letzte Nachrichten und Bemerkungen*
					von	*nach*	*Schiffes*	*Kapitäns*		*Zeichen u. No. Gewicht, Zahl der Kollis*	*Artikel*		%	%	%		
	427	17./7.	Alfred Altdorfer & Co.		Mainz	Lissabon	Mainz-Rotterdam per Personenboot, ab da per Dampfer der ... Linie			M L 1/5 5 Kisten	Maschinenteile	M. 4500	3/4				
					Versicherung geschieht, wie dies üblich, auf unsere General-Police												

Mainz, den 17. Juli 19..

Die Vertretung:

Alfred Altdorfer & Co.

Otto Köhler.

Bordereau No. 472 *von Alfred Altdorfer & Co., Spediteure, Frankfurt a. M., Mainz—Bingen.*

Wagen No. 7. *G. m. b. H.*

für Herren Hobard & Zoon, Rotterdam.

Mainz, den 17. Juli 19..

Sie empfangen per D. No. 80, franko

Referat	*Pos.*	*Der Kolli*						*Der Empfänger*		*Franko bis*	*Nachnahme*		*Frankatur*			*Spesen*	
		Zeichen	*No.*	*Zahl*	*Art*	*Inhalt*	*Kilo*	*Name*	*Wohnort*		*M.*	*Pf.*	*à*	*M.*	*Pf.*	*M.*	*Pf.*
Sped.-Buch 14/Fol. 68	1	M.L.	1/5	5	Kisten	Maschinenteile	2463	Order	Lissabon	Bord-Dampfer Lissabon	—	—					
				Die Sendung muss mit dem am 23. d. M. von dort abfahrenden Dampfer Verladung finden. Konnossement in duplo nebst einer Kapitäns-Kopie erbitten wir uns prompt nach hier.													

Etwaige Mängel bei der Ausladung unserer Güter sind auch uns sofort zu melden.

Ein Formular beliebe man abgerechnet zurückzuschicken.

Etwaige Reparaturkosten stets nachzunehmen.

135.

Rotterdam, den 24. Juli 19..

Herren Alfred Altdorfer & Co., G. m. b. H., Mainz.

In der Einlage dienen Ihnen mit Konnossement in duplo über laut Ihrem Bordereau No. 472 vom 17. d. M. franko an „Order" nach Lissabon per D. „Brake", Kapt. Meyer, verladene:

M. L. 1/5, 5 Kisten Maschinenteile B° 2463 kg

und bitten Sie, uns für den Betrag endstehender Nota mit M. 94,90 erkennen zu wollen.

Hochachtungsvoll

Hobard & Zoon.

Nota.

Übernahme aus Rheinschiff bis franko Bord Seedampfer: 20 cents per 100 kg	fl. 5,— à 1,70	M. 8	50
Seefracht à 30./— per 1000 kg	£ 3.14.1 à 20.40	75	60
Beglaubigung des Konnossements durch den portugiesischen Konsul		7	30
Konnossemente und Porti		3	50
		M. 94	90
		S. E. & O.	

Anbei: Konnoss. in duplo u. 1 Kopie.

136.

Sped.-B. 14/68. Mainz, den 26. Juli 19..

Herren W. Müller & Co., Frankfurt a. M.

Wir beehren uns, Sie von der erfolgten Expedition der uns mit Schreiben vom 16. d. M. zur Beförderung an „Order" nach Lissabon avisierten Sendung M. L. 1/5, 5 Kisten Maschinenteile, B° 2463 kg ab Langenschwalbach, ergebenst in Kenntnis zu setzen.

Indem wir uns erlauben, Ihnen nachstehend mit Spesennota hierüber aufzuwarten, für deren Betrag Sie uns mit M. 218,30 erkennen wollen, sehen wir gern Ihren ferneren Zuweisungen entgegen und zeichnen

Hochachtungsvoll

Alfred Altdorfer & Co., G. m. b. H.

Spesennota.

Zahlbar in Mainz. Valuta Tag der Vorlage der Beträge.

Vorfracht ab Langenschwalbach	19	40		
Fuhrlohn und Expedition ab hier . . . . à —.40	10	—		
Übernahme Mainz-Lissabon . . . . à 5,80	143	30		
Assekuranz (M. 4500,—) à $^{3}/_{4}$%	33	80		
Beglaubigung des Konnossements	7	30		
Konnossemente und div. Porti	4	50	M. 218	30
			S. E. & O.	

Order-Konn. in duplo anbei.

137.

Frankfurt a. M., den 27. Juli 19..

Herren Alfred Altdorfer & Co., G. m. b. H., Mainz.

Den Betrag Ihrer gestrigen Spesennota überwiesen wir Ihnen durch Reichsbank mit:

M. 218,30,

um deren gefl. Gutschrift wir bitten.

Hochachtungsvoll

W. Müller & Co.

138.

Mainz, den 29. Juli 19..

Herren W. Müller & Co., Frankfurt a. M.

Die uns durch Reichsbank überwiesenen:

M. 218,30

verwendeten wir dankend zum Ausgleich unserer Nota vom 26./7.

Indem wir Ihren weiteren Aufträgen gern entgegensehen, zeichnen wir

Hochachtungsvoll

Alfred Altdorfer & Co.
G. m. b. H.

Verschiedene Ausdrucksformen.

I. Briefe im Warengeschäfte.

a) Anfragen (Bitte um Preisanstellung).

1. Ich beziehe mich auf mein gestriges Schreiben und erlaube mir heute die Anfrage, wie Sie . . . . . notieren.

Ich wäre entschlossen, meinen nicht unbedeutenden Bedarf an . . . . bei Ihnen zu decken, wenn Sie mir billige Preise notieren.

3. Ich danke Ihnen für die Zusendung Ihres Zirkulars und gestatte mir, bei Ihnen anzufragen, wie Sie . . . . . bei Abnahme von . . . . . liefern würden?

4. Ich übersende Ihnen heute, mit gleicher Post, separat, Muster von . . . . . und ersuche Sie, mir Ihren äussersten Preis für diesen Artikel anzugeben.

5. . . . . . und bitte Sie um gefl. billigste Preisanstellung.

6. Ich telegraphierte Ihnen soeben: „Wie liefern Sie . . . . .?" und sehe Ihrem billigstem Angebote gern entgegen.

7. Ich habe Bedarf an . . . . . und ersuche Sie, mir umgehend mitzuteilen, zu welchem äussersten Preise Sie . . . . . liefern könnten.

8. Da ich eben damit beschäftigt bin, die Vorräte meines kürzlich eröffneten Geschäfts zu komplettieren, ersuche ich Sie hiermit um Einsendung Ihrer Preisliste.

9. Ich verdanke die Mitteilung Ihrer Adresse meinem langjährigen Geschäftsfreunde Herrn . . . . in . . . ., welcher mir Ihre Fabrikate wiederholt angelegentlich empfohlen hat.

10. Es wäre mir recht angenehm, meine Bezugsquellen zu vermehren, weshalb ich um Einsendung eines Preiskurants und um gefl. Mitteilung Ihrer sonstigen Bedingungen bitte.

11. Ich ersuche Sie, mir bei Empfang dieses Schreibens eine telegraphische Offerte für . . . . . zu machen und mir einen kurzen Bericht über die mutmassliche Gestaltung des . . . . . Marktes zu geben.

12. Es liegt mir eine Anfrage über die unten näher bezeichneten Waren vor, ich erbitte mir Ihre äussersten Preise.

Geben Sie mir auch gefälligst auf, welche Lieferzeit Sie zur Fertigstellung von (Mengen der Waren) beanspruchen würden.

b) Anträge (Anerbieten, Preisanstellung und Offerte).

1. Infolge günstiger Abschlüsse bin ich in der Lage, Ihnen . . . . . anbieten zu können.

2. Da ich Gelegenheit hatte, recht vorteilhafte Einkäufe in . . . . . zu machen, erlaube ich mir, Ihnen . . . . . hiermit anzubieten.

3. Zu meinem lebhaften (grössten, aufrichtigen) Bedauern habe ich bemerkt, dass in den früher bestandenen Beziehungen zwischen unseren Firmen eine Entfremdung eingetreten ist.

Um den Verkehr wieder in die alten Bahnen zu lenken, gestatte ich mir, Ihnen heute . . . . . anzubieten.

4. Ich erlaube mir, Ihnen hiermit meine neueste Preisliste in der Erwartung zu übersenden, dass sie Ihnen Veranlassung geben wird, mir einen Auftrag zu erteilen.

5. Ich erlaube mir, Ihnen mit gleicher Post Muster von . . . . . zugehen zu lassen.

Ich stelle Ihnen diese Waren (davon; von diesem Artikel;) . . . . . fest auf Drahtbescheid zur Disposition (zur Verfügung). Ich offeriere Ihnen hiervon fest, auf Drahtbescheid . . . . .

6. In Beantwortung Ihrer Zuschrift vom . . . . . teile ich Ihnen mit, dass ich Ihren Auftrag auf . . . . . zum Preise von . . . . . annehme, (ausführen werde,) wenn . . . . .

7. Es freut mich sehr, aus Ihrem Schreiben vom . . . . . zu ersehen, dass Sie die Absicht haben, meine Fabrikate einzuführen (in Vertrieb zu nehmen).

Ich sende Ihnen mit gleicher Post ein Preisbuch mit Musterabschnitten und bemerke, dass ich Ihnen bei Abnahme von mindestens (wenigstens) . . . . % Skonto gewähren würde.

8. In Beantwortung Ihrer gefl. Zuschrift vom . . . . . beeile ich mich, Ihnen . . . . . zum Preise von . . . . . auf Drahtzusage zu offerieren.

9. Für Ihre werte Anfrage vom . . . . . bestens dankend, beehre ich mich, Ihnen zur sofortigen Lieferung . . . . . zu offerieren.

c) Bestellung (Auftrag, Order).

1. Ich ersuche Sie, mir . . . . . sobald als möglich zukommen zu lassen.

2. Die unterzeichneten Artikel ersuche ich Sie mir postwendend zuzusenden: . . . . .

3. Belieben Sie nach Empfang dieses Briefes an mich zu verladen: . . . . . (verladen zu lassen; zur Verladung zu bringen).

4. Ich ersuche Sie, nach Empfang dieses Briefes die untenbezeichneten Waren sorgfältig auszuwählen und mir mittels . . . . . zukommen zu lassen.

5. Senden Sie mir durch . . . . . wie im vorigen Monat gehabt.

6. Ich habe Verwendung für . . . . . und ersuche Sie, mir davon . . . . . zu übersenden, wenn Sie mir die Ware zu den angeführten Preisen liefern können.

7. Im Besitze Ihrer Preisliste vom . . . . . ersuche ich Sie hierdurch, mir die am Fusse dieses verzeichneten . . . . . ehestens (baldigst, schleunigst, sofort) herzusenden.

8. Ich verdanke Ihre Adresse Herrn . . . . . und bitte um gefl. Absendung von . . . . . billigst berechnet an Herrn . . . . .

9. In Beantwortung Ihrer w. Zuschrift vom . . . . . ersuche ich Sie, mir die offerierten . . . . . prompt durch Bahn zu senden.

Ihrer Versandanzeige und Faktur entgegensehend, zeichne ich . . . . .

10. Ich erhielt Ihre Zuschrift vom . . . . ., danke Ihnen bestens für die gemachte Anstellung und bitte Sie, mir nach hier zu senden . . . . .

d) Versandanzeige (Ausführung und Rechnung).

1. Den mir am (unter dem) . . . . . erteilten Auftrag habe ich nach Ihren Angaben zur besten Ausführung vorgemerkt.

2. Ich bestätige den Empfang Ihres Briefes vom . . . . . und danke Ihnen bestens für den darin enthaltenen Auftrag.

Zu meinem lebhaften Bedauern konnte ich denselben nicht ganz (nur unvollständig) ausführen, da . . . . .

3. Ich bestätige Ihnen bestens dankend Ihre Bestellung vom . . . auf . . . . ., für deren beste Ausführung ich sorgen werde.

4. Für den mir am . . . . . erteilten Auftrag auf . . . . . spreche ich Ihnen meinen besten Dank aus und benachrichtige Sie hierdurch von der Versendung der bestellten . . . . .

5. Ich habe die Ehre, Ihnen umstehend Faktur über die bei mir durch Telegramm vom . . . . . bestellten Waren zu erteilen.

6. Infolge Ihres gesch. Auftrags vom . . . . . habe ich durch . . . . . (Bahn, Post, Spediteur . . . . .) an Sie abgesandt (verladen lassen): . . . . .

Für den Betrag der mitfolgenden Faktur habe ich Ihre w. Reehnung mit

M. . . . per . . .

belastet.

(. . . . . bitte ich Sie, mich in laufender Rechnung mit

M. . . . per . . .

gefl. erkennen zu wollen.)

7. Hiermit beehre ich mich, Ihnen Faktur über die für Ihre Rechnung vom . . . . . ab . . . . . abgelieferten . . . . . zu übersenden.

Für den Betrag derselben erlaubte ich mir

M. . . . per . . . O/ . . .

auf Sie auszuschreiben (zu ziehen; zu trassieren; abzugeben).

8. Zufolge Ihrer w. Order vom . . . . . sandte ich heute durch . . . . . und bitte Sie, mich für den Betrag der Nota

M. . . . per . . .

gefl. unter Anzeige erkennen zu wollen.

9. Hiermit beehre ich mich, Ihnen Rechnung über den mir mit Brief vom . . . (telegraphisch; telephonisch; durch meinen Vertreter Herrn) . . . . . erteilten Auftrag zu behändigen.

Für den Betrag derselben:

M. . . .

belieben Sie mich zu erkennen.

10. Für den mir durch meinen Reisenden Herrn . . . . , gütigst erteilten Auftrag bestens dankend, habe ich heute das Vergnügen, Sie von dessen sorgfältigster Ausführung in Kenntnis zu setzen.

Ich ersuche Sie, mich für den Betrag umstehender (untenstehender) Rechnung von . . . . .; mit:

M. . . .

gefl. zu kreditieren.

Ich bitte Sie, mir den Betrag:

M. . . . per . . .

gleichlautend gutzuschreiben.

11. Über die mir am . . . . . in Auftrag gegebene Ware gestatte ich mir Ihnen Faktur zu erteilen, deren Betrag von:

M. . . .

Sie mir gutbringen wollen.

e) Zahlung (Regulierung, Anschaffung, Begleichung).

1. Anbei sende ich Ihnen . . . . . zum Ausgleich Ihrer Rechnung vom . . . . . Ich bitte um Empfangsanzeige und zeichne . . . . .

2. In der Einlage behändige ich Ihnen M. . . . , welche Sie mir unter gefl. Empfangsanzeige gutbringen wollen.

3. Zur Ausgleichung Ihrer Rechnung vom . . . . . empfangen Sie einliegend

M. . . . ,

wofür Sie mich unter Anzeige erkennen wollen.

4. Zur Begleichung Ihrer Faktur vom . . . . . überweise ich Ihnen durch Reichsbankgirokonto

M. . . .

und bitte um Empfangsbestätigung.

5. Den Betrag Ihrer Faktur

M. . . .

lasse ich Ihnen durch Postanweisung zum Ausgleiche des Gegenstandes zugehen.

Erkundigung und Mahnung.

a) Mahnung.

(Anfang.) 1. Mit heutigem bin ich so frei, Ihre Aufmerksamkeit darauf zu lenken, dass Ihre laufende Rechnung bei mir noch mit:

M. . . ., verfallen am . . .

belastet ist.

2. Mit der Durchsicht meiner Bücher beschäftigt, finde ich, dass der Posten vom . . . . . im Betrage von M. . . . . . noch nicht beglichen ist.

3. Es ist wohl Ihrer Aufmerksamkeit entgangen, dass meine Faktur vom . . . . . bereits seit . . . . . Monaten verfallen ist.

(Fortsetzung). 1. Ich gestatte mir, Sie an diesen Gegenstand zu erinnern und Sie zu bitten . . . . .

2. Ich bitte Sie um gefl. gelegentliche Anschaffung und zeichne . . . . .

3. Ich nehme an, dass Sie den Posten . . . . . übersehen haben und bitte Sie um gefl. Regulierung desselben.

4. . . . . . und bitte Sie, denselben baldigst zu begleichen.

5. . . . . . und erlaube mir, Ihnen diese Angelegenheit in Erinnerung zu bringen.

b) Antwort auf die Mahnung.

1. Entschuldigen Sie, dass ich mich an die Regulierung des am . . . . . verfallenen Warenpostens von M. . . . . . habe erinnern lassen.

2. Verzeihen Sie, dass ich Ihnen nicht früher geschrieben und Sie durch mein Stillschweigen genötigt habe, mich an die Abtragung meiner Schuld zu erinnern.

3. Im Besitze Ihres Schreibens vom . . . . . bitte ich Sie zu entschuldigen, dass ich den verfallenen Betrag noch nicht beglichen habe.

4. Ich hatte die Begleichung des am . . . . . verfallenen Postens von M. . . . in der That übersehen . . . . .

5. Es war mir nicht entgangen, dass Ihre Faktur vom . . . . . auf M. . . . . bereits fällig geworden war.

Leider sind meine Aussenstände in den letzten Monaten infolge schlechten Geschäftsganges so unregelmässig eingegangen, dass ich bisher nicht in der Lage war, meiner Verpflichtung nachzukommen und auch jetzt Sie bitten muss, sich mit einer Teilzahlung zu begnügen.

6. Von einem Tage zum andern hoffte ich, den offenen Betrag ordnen zu können; allein ich beim besten Willen nicht imstande, dies im Augenblicke zu thun

c) Erkundigung.

(Anfang.) 1. Ich nehme mir heute die Freiheit, Sie zu bitten, mir eine möglichst eingehende Auskunft über . . . . . zu erteilen.

2. Im Vertrauen auf Ihre Gefälligkeit gestatte ich mir die Bitte, mir über die Vermögensverhältnisse und den Geschäftsbetrieb des Herrn . . . . . eine möglichst umfassende Auskunft zu geben.

3. Ich erlaube mir die Bitte um eine möglichst genaue Auskunft über das in der Beilage genannte Haus.

4. . . . . . ersuche ich Sie höflichst (ergebenst, ganz ergebenst), mir Ihre Ansicht über die geschäftlichen Verhältnisse des auf beigefügtem Zettel bezeichneten Hauses mitzuteilen.

(Fortsetzung). 1. Von Ihren gefälligen Mitteilungen werde ich bescheidenen Gebrauch machen.

2. Ihren Mitteilungen sichere ich diskretesten Gebrauch zu.

3. Ich danke Ihnen im voraus für Ihre Auskunft und versichere Sie, dass ich von derselben ohne Ihre Präjudiz Gebrauch machen werde.

4. Indem ich Ihnen für Ihre Mitteilungen im voraus bestens danke, sichere ich Ihnen deren diskreteste Benutzung zu.

Zu Gegendiensten gern bereit . . . . .

5. Für Ihre gütigen Mitteilungen werde ich Ihnen sehr dankbar sein und dieselben vorsichtig benutzen.

Zu Gegendiensten bin ich stets gern bereit.

6. Ich spreche Ihnen für Ihre gefl. Mitteilungen im voraus den verbindlichsten Dank aus und halte Ihnen meine Gegendienste stets gewidmet.

II. Das Bankgeschäft.

a) Kontokorrentverkehr.

I. Anträge.

1. Ich erlaube mir heute, Ihnen meine Dienste im Bankfache ergebenst anzubieten.

2. Gestützt auf die Empfehlung des Herrn . . . . . gestatte ich mir heute die Bitte, mich mit der Vertretung Ihrer w. Firma am hiesigen Platze gefl. zu betrauen.

3. Ich habe in Erfahrung gebracht, dass Sie einen Wechsel in der Person Ihres hiesigen Vertreters vorzunehmen beabsichtigen und gestatte mir daher, Ihnen meine Dienste im Bank- und Börsenfache ergebenst anzubieten.

II. Antwort.

1. Im Besitze Ihres w. Schreibens vom . . . . . bedauere ich, von Ihrem freundlichen Antrage vorläufig keinen Gebrauch machen zu können, da ich auf dortigem Platze seit langem geeignet vertreten bin.

2. . . . . . da ich keinen Anlass habe, mit meinen bisherigen dortigen Verbindungen den Verkehr abzubrechen, so gerne ich auch mit Ihrer geschätzten Firma arbeiten wollte.

3. . . . . . Sollte sich nach dieser Richtung aber eine Änderung ergeben würde ich gerne auf den Inhalt Ihres gesch. Schreibens zurückkommen.

4. . . . . . Wenn, was ich hoffe, der Verkehr nach dem dortigen Platze sich ausdehnt, würde ich vielleicht in der Lage sein, auch Ihre geschätzte Firma zu beschäftigen, was mir gewiss recht angenehm sein würde.

III. Aufträge.

1. Mit heutigem Schreiben übersende ich Ihnen:
2. . . . . . überreiche ich Ihnen:
3. . . . . . erhalten Sie:
4. Anbei finden Sie:

1. zur gefälligen Diskontierung und Gutschrift	(Wechsel)
2. zur gefl. Gutschrift per Verfall	
3. zur bestmöglichen Begebung für meinen Kredit	(Wertpapiere).
4. für mein Haben	(Devisen)
. . . . . welche Sie zu meinen Gunsten begeben wollen	(Sorten)

IV. Ausführung.

1. Die Ihrem Schreiben vom . . . entnommenen: . . . . . (entfalteten) . . . . . habe ich Ihnen mit:

M. . . . per . . . . . kreditiert.

2. Wunschgemäss begab ich für Ihre laufende Rechnung . . . . ., für welche ich Sie mit:

M. . . . per . . . . . kreditiere.

3. . . . . ., die ich Ihnen mit:

M. . . . per . . . . . gutbringe.

4. . . . . , die ich Ihrem Konto mit:

M. . . . per . . . . . gutschreibe.

5., wofür ich Sie mit:

M. . . . per . . . . . belaste.

6. . . . . . mit M. . . . per . . . . . für das Debet Ihrer Rechnung.

V. Rechnungsabschluss.

1. Ich übersende Ihnen heute anbei das für Sie bestimmte Exemplar Ihrer Jahresrechnung, welches mit einem Saldo von:

M. . . . per . . .

zu Ihren $\frac{\text{Gunsten}}{\text{Lasten}}$ schliesst.

Ich bitte Sie, die Rechnung zu prüfen und gleichlautend (konform) mit mir vorzutragen.

2. Anbei finden Sie den per 31. Dezember (30. Juni) abgeschlossenen Auszug Ihres Kontos.

Den Saldo von

M. . . . per . . . zu Ihren . . .

wollen Sie gleichlautend mit mir vortragen.

3. Hierdurch beehre ich mich, Ihnen den Auszug Ihres Kontos aus meinen Büchern zu überreichen, schliessend mit einem Saldo von

M. . . . per . . . zu Ihren . . .

Belieben Sie die Abrechnung gefl. zu prüfen und mich für den Saldo unter Anzeige gleichlautend zu $\frac{\text{kreditieren}}{\text{debitieren}}$.

b) Wechselgeschäfte.

1. Diskontwechsel.

a) Zusendung.

(Anfang.) 1. Anbei überreiche ich Ihnen:

2. Anbei übersende ich Ihnen:

3. Anbei finden Sie:

(Fortsetzung.) 4. . . . . . zur gefl. Diskontierung und Zusendung des Gegenwertes durch Postanweisung in bar; in einem Check . . . . .

5. um deren Diskontierung ich bitte.

6. . . . . ., welche Sie in Diskont nehmen wollen.

7. Den Gegenwert erbitte ich mir durch . . . . .

8. . . . . . Für den Rembours erbitte ich mir Anschaffung durch . . . . .

b) Berechnung.

(Anfang.) 1. Ihrem Schreiben vom . . . . . entnehme ich . . . . .

2. . . . . . entfaltete ich . . . . .

3. Ihr gestriges Schreiben brachte mir . . . . .

4. Mit Ihrem w. Schreiben vom . . . . . übersandten Sie mir . . . . .

(Fortsetzung.) 1. . . . . . , welche ich Ihnen abzüglich . . % Diskont mit

M. . . . per heute kreditiere.

2. . . . . . , wofür ich unter Berechnung von . . % Diskont Ihr w. Konto per heute mit M. . . . erkenne.

3. . . . . . , welche laut mitfolgender Nota Ihrem w. Konto mit

M. . . . per heute gutgebracht

wurden.

4. . . . . . M. . . . per heute zu Ihren Gunsten (. . . . . zu Gunsten Ihrer laufenden Rechnung).

2. Tratten für eigene Rechnung.

(Avis.) 1. Ich erlaubte mir heute auf Ihre w. Firma zu entnehmen . . . . . (zu ziehen, zu trassieren, zu disponieren, auszuschreiben . . . . .)

2. Ich nehme mir heute die Freiheit, Sie von meiner Tratte (Entnahme; Ausschreibung; Ziehung) von:

M. . . . per . . . O/ . . .

zu benachrichtigen.

3. . . . . . , um deren Schutznahme ich bitte.

4. Belieben Sie diese Abgabe zu Lasten meiner Rechnung zu honorieren.

5. Ich empfehle diese Abgabe Ihrer freundlichen Aufnahme.

(Antwort.) 1. Ihre Abgabe:

M. . . . per . . .

wird vorkommend Schutz finden.

2. Ihrer Abgabe

M. . . . per . . .

sichere ich beste Aufnahme zu.

3. Von Ihren Abgaben:

M. . . . per . . .

M. . . . per . . .

habe ich zu Ihren Lasten Nota genommen.

4. Ihre Ausschreibungen:

M. . . . per . . .
M. . . . per . . .

habe ich mir vorgemerkt.

3. Rimessen zur Gutschrift per Verfall (Skadenz).

(Übersendung.) 1. Anbei übersende ich Ihnen

M. . . . per . . .
M. . . . per . . .

zur gefl. Gutschrift per Verfall.

2. . . . . . zur Gutschrift per Skadenz (Verfall).

3. . . . . . , welche Sie mir wie üblich gutbringen wollen.

4. . . . . . , um deren Gutschrift u. ü. V. ich bitte.

(Antwort) / Gutschriftsanzeige. /

1. Die mir remittierten

M. . . . per . . .
M. . . . per . . .

habe ich Ihrer Rechnung u. ü. V. per Skadenz (Verfall) gutgebracht.

2. . . . . . unter „E. V." (Eingang vorbehalten) in Ihrem Kredit.

3. Für die mir zugesandten:

M. . . . per . . .
M. . . . per . . .

ist Ihre laufende Rechnung wie vorstehend u. ü. V. erkannt.

Handelstechnische Erläuterungen.

Abnahmegebühr im Speditionsgeschäft: Gebühr bei Übernahme (Abnahme) eines Gutes vom Kaischuppen oder vom Speicher ab.

Acceptationskredit. Der Bankier gewährt seinen Kunden bisweilen in der Weise Kredit, dass er diesen gestattet, Tratten bis zu einer gewissen Höhe zu ziehen, die er dann bei Vorweisung seitens des Besitzers oder seitens des Ausstellers (des Kreditnehmers) acceptiert.

Adressieren. Den Namen, Wohnort, Geschäftssitz oder Aufenthaltsort dessen angeben, an den eine schriftliche Mitteilung oder eine Sendung gelangen soll.

Adresse wird im Wechselgeschäft auch bisweilen anstatt Notadresse gebraucht s. „Notadresse".

Allgemeine Kontokorrentbedingungen s. „Kontokorrentbedingungen".

Angekündigte, avisierte Tratten. Unter einem Trattenavis versteht man die Mitteilung des Ausstellers eines Wechsels an den Bezogenen, dass der Wechsel in Verkehr gesetzt wurde.

Aufgabe s. unter „Besondere Aufgabe".

Aufträge überschreiben, Aufträge erteilen; übermitteln; zugehen lassen.

Auftragsbestätigung. Erklärung des Beauftragten, dass er den Auftrag annimmt. (S. a. Das Warengeschäft d) Ausführungs-, Versandanzeigen und Rechnungen).

Ausgleich. Häufig im kaufmännischen Verkehre gebraucht für Begleichung (Bezahlung).

Auskunft über eine Firma. Mitteilungen über die Kreditwürdigkeit derselben, insbesondere über die persönlichen Eigenschaften des Unternehmers (oder der Unternehmer) und über die Mittel, welche zum Geschäftsbetriebe zur Verfügung stehen.

Auskunftei. Unternehmung, welche sich berufsmässig mit der Erteilung von Auskünften befasst.

Ausladekosten. Im Speditionsverkehre Gebühren für das Ausladen von Waren aus Schiffen oder Waggons.

Auswechselung von Schlussscheinen s. „Schlussscheine".

Auszahlung an Bankgeschäfte s. „Verfügung".

Bankrate s. „Reichsbankdiskont".

Beglaubigung des Konnossements. Für den Export nach einzelnen überseeischen Staaten besteht die Vorschrift, dass die Konnossementen von dem am Ausfuhrhafen ansässigen Konsul des überseeischen Staats beglaubigt werden müssen, widrigenfalls die Ware bei Ankunft in Zollschuppen untergebracht und von Zollbeamten auf ihren Merkantilwert untersucht wird, was zumeist zur Folge hat, dass der zu bezahlende Zoll ein sehr hoher ist.

Bekannte Konditionen. In den verschiedenartigen Geschäftszweigen haben sich im Laufe der Zeit bestimmte Verkaufs-, Lieferungs- und Übernahmebedingungen herausgebildet, welche insbesondere zufolge der Konkurrenz eine gewisse Gleichartigkeit annehmen.

So findet man z. B. in einer Faktur im Kaffeehandel: 4 Monate Ziel oder $1^1/_2$% Skonto, in einer anderen 4 Monate Ziel oder $1^1/_4$% Skonto.

In ein und demselben Unternehmen bezeichnet man in der Regel eine solche Kondition als Norm für den Verkehr und geht nur in Ausnahmefällen davon ab.

So hat z. B. ein bestimmtes Geschäft die Norm: 4 Monate Ziel oder $1^1/_2$% Skonto, und bezeichnet dies den Kunden gegenüber als regelmässige Kondition (s. a. „Ziel").

Belauf der Faktur. Gleichlautend mit „Betrag der Faktur".

Bemustern = Muster einschicken. Der Antragsteller (Offerent) sendet häufig gleichzeitig mit dem Antragsschreiben an diejenigen, denen er Offerte macht, Muster von den offerierten Waren.

Man bezeichnet diesen Vorgang in der Geschäftspraxis mit: Offerten bemustern; Anstellung machen.

Besondere Aufgabe. Besondere Mitteilung.

Bevorzugte Kommittenten. Auftraggeber, welche seitens ihres Kommissionärs für Ein- und Verkäufe günstigere Bedingungen gestellt erhalten.

Blankokredit s. „Acceptationskredit".

Bordereau. Verzeichnis; Zusammenstellung; auch oft Formular zum Zwecke der Anfertigung von Zusammenstellungen.

Co. (Cie., Co., Comp.). Abkürzung für Kompagnie.

Conditionen s. „bekannte Konditionen".

Diskont s. „Einleitung zu Einzelgeschäft im Wechselverkehr".

Disponieren. Häufig in der Korrespondenz gebraucht für „verfügen", „ordnen, anordnen".

Duplo-Ladeschein. Binnenschiffahrtsgesellschaften stellen zumeist den Ladeschein (doppellt) aus; ein Exemplar dient als Frachtbrief und das zweite dient dem Besitzer zur Verfügung über die Ware.

Eilfracht s. „Frachtgut".

Einladekosten (im Speditionsgeschäft). Kosten, welche der Frachtführer für das Einladen der Güter in das Schiff oder in den Waggon verrechnet.

Einkaufskonto. Ein Konto, welches der Kommissionär führt, in welchem er zu Lasten der Rechnung des Kommittenten den Einkaufsbetrag und die Spesen verbucht.

Emballage. Umhüllung der Ware (Kisten, Ballen, Fässer, Flaschen, Kanister etc.).

Entlastung. Das Konto des Käufers wird vom Verkäufer bei Absendung der Ware belastet, d. h. es wird dem Käufer der Fakturenbetrag ins Soll auf Rechnung gestellt.

Bei Bezahlung (Begleichung) wird das Konto entlastet, d. h. es wird der bezahlte Betrag in das Konto Haben gebracht.

Erfüllungsort. Der Ort, wo der Schuldner zu erfüllen (die Ware abzunehmen und zu zahlen) hat und gleichzeitig der Ort, wo der Schuldner, wenn nichts anderes bedungen ist, vom Gläubiger verklagt werden kann (s. a. Gerichtsstand).

Expedition = gleichbedeutend mit Versand.

Flau = wenig Kauflust. Bezeichnung für schlechten Geschäftsgang.

Frachtgut. Die Eisenbahnen befördern Güter je nach Auftrag des Versenders als gewöhnliche Fracht (Fracht-/Last-/Gut) oder als Eilfracht (Eilgut). Es ist selbstverständlich, dass die Beförderungsgebühren (Frachtsätze) für Eilfrachtsendungen höher sind, als für Frachtgutsendungen.

Deshalb schreibt der Empfänger der Ware, der ab Versendungsplatz gekauft und die Fracht zu bezahlen hat, die Versendungsart vor.

Frachtdifferenz. Zweierlei Begriffe: 1. Streitigkeit mit der Bahn oder der Schiffahrtsunternehmung in Frachtangelegenheiten.

2. Zufolge der Expedition eines Gutes in Eilfracht anstatt in gewöhnlicher Fracht (s. Frachtgut) entstehen Frachtdifferenzen.

Franko Haus; frei (ohne Kostenzahlung) bis ins Haus zugestellt.

Franko hier: 1. Als Preiskondition: die Ware ist frei Bestimmungsort zu liefern. 2. Als Zahlungskondition: das Geld ist dem Verkäufer kostenfrei einzusenden.

Franko dort (als Preiskondition) der Absender einer Ware hat alle Spesen bis zum Eintreffen am Bestimmungsplatze zu tragen.

Gefahr. Nach den handelsgesetzlichen Bestimmungen trägt der Empfänger die Gefahr der Reise einer bestellten Ware, sei es denn, dass speziell ein anderes bedungen worden wäre.

Es hat sich der Handelsgebrauch herausgebildet, dies auf den Fakturen speziell zu bemerken.

Gegenofferte. Nimmt derjenige, dem ein Antrag gestellt wurde, diesen nicht ohne Einschränkungen an, so gilt seine Angabe, unter welchen Bedingungen er den Antrag annehmen würde, als ein von ihm ausgegangener Antrag (Gegenofferte).

Gerichtsstand. Sieht sich der Verkäufer genötigt, den Käufer wegen Nichteinhaltung seiner Verbindlichkeiten zu verklagen, so wendet er sich an das Gericht in jenem Orte, an welchem der Käufer seinen Geschäfts- oder Wohnsitz hat, es sei denn, dass vorher etwas anderes zwischen beiden abgemacht worden wäre (forum contractus). Eine solche Abmachung wäre dann auch auf der Faktur zu ersehen; z. B.: Ein Leipziger Kaufmann fakturiert Waren nach Zwickau; auf der Faktur findet sich die Klausel: „Gerichtsstand Leipzig", dies bedeutet, dass der Schuldner im Säumigkeitsfalle in Leipzig und nicht in Zwickau verklagt werden würde.

Gefl. = Abkürzung für gefälligst.

Gewichtsdifferenzen. Viele Warengattungen verlieren während der Beförderung am Gewichte durch natürlichen Schwund (Eintrocknung; Verdunsten).

Dem Fachmann ist es selbstverständlich bekannt, ob das Mindergewicht durch Schwund entstanden ist, oder ob bei einem Abgang eine versuchte Benachteiligung vorliegt.

Auf vielen Fakturen findet sich der Vordruck: „Ohne Verantwortlichkeit für Gewichtsdifferenzen".

Diese Klausel hat wohl bei Rechnungen der Spediteure oder Frachtführer Berechtigung, da diese bloss im Auftrage Waren besorgen, im Propergeschäft entbehrt sie der Berechtigung, da der Verkäufer verpflichtet ist, bei rechtzeitiger Bemängelung des Gewichts für den Abgang Ersatz zu leisten.

Gewöhnliche Fracht s. „Frachtgut".

Giro; auch Indossament; die auf den Wechsel oder eine sonstige Urkunde geschriebene Erklärung, dass man alle aus derselben entspringenden Rechte und Pflichten an den Nachmann überträgt.

Gleichlautend verbuchen. Der Kommissionär belastet den Kommittenten für Einkaufsbeträge, der Kommittent dagegen erkennt den Kommissionär, sobald er die Berechnung oder Mitteilung erhält.

Bei Verkäufen findet das Umgekehrte statt.

Man nennt die Eintragungen vom Standpunkte des Kommittenten: gleichlautende oder konforme Buchungen.

Gross = 12 Dutzend à 12 Stück = 144 Stück.

Gutschreiben (buchhalterischer Ausdruck). Der Betrag einer Warensendung wird vom Absender in das Soll der Rechnung des Empfängers gestellt, es wird diesem belastet, dagegen vom Empfänger in das Haben der Rechnung des Absenders eingetragen (gutgeschrieben).

Gutschrift per Verfall. Erhält ein Bankier Wechsel zur Gutschrift per Verfall, so schreibt er dem Kommittenten jeden einzelnen Wechsel in vollem ungekürzten Betrage „u. ü. V." gut, d. h. der Kommittent erhält ein provisorisches Guthaben unter dem Vorbehalt, dass die Wechsel thatsächlich eingehen werden.

Inschutznahme. Zahlung eines Wechsels seitens des Bezogenen (Trassaten).

Intervenieren. Intervenieren nennt man das Annehmen (Ehrenannahme) oder Zahlen (Ehrenzahlung) des Wechsels durch eine andere Person, wenn der Bezogene die Annahme oder Zahlung verweigert (s. a. „Notadresse").

Kistenzeichen s. „Marke".

Kommissionsnoten; sollte richtig Kommissionsverzeichnis heissen; ein Verzeichnis von zu besorgenden Aufträgen (auszuführenden Orders); auch „Orderzettel".

Konditionen, bekannte s. „bekannte Konditionen".

Konform verbuchen s. „gleichlautend verbuchen".

Konnossement. Seefrachtbrief.

Kontokorrentbestimmungen; Kontokorrentbedingungen. Neben den besonderen Kontokorrentbedingungen, welche jeder Bankier vor Beginn der Verbindung mit dem Kunden feststellt, bestehen solche, welche er grundsätzlich für den Verkehr mit allen Auftraggebern normiert.

Damit diese Bedingungen dem Kunden immer in Erinnerung bleiben, sind sie zumeist auf der Rückseite des Kontokorrentbegleitbriefes gedruckt und werden mit dem Prüfungsergebnisse gleichzeitig durch Unterschrift anerkannt.

Kopierfähig. Wie auf allen Gebieten des sozialen Lebens ist auch im Handel die Arbeitsteilung eine so reichhaltige und gegliederte, dass in einzelnen Branchen die Abwickelung der Geschäfte sich zu einer gleichartigen herausgebildet hat.

Dadurch hat sich auch immer mehr und mehr die Benutzung von Drucksorten und Formularbriefen eingebürgert.

Damit nun der gedruckte Text auch kopiert werden und so bei etwaigen Prozessen Beweismaterial bilden kann, wird statt der Druckerschwärze eine kopierfähige Druckfarbe benutzt. Diese Drucksorten nennt man „kopierfähige Drucksorten".

Krangeld. An den Hafenanlagen befinden sich Hebevorrichtungen, welche Waren aus den Schiffen heben und am Kai niederlegen oder umgekehrt vom Kai abnehmen und ins Schiff bringen. Solche Hebewerke heissen Krane.

Die Gebühr für die Benutzung dieser Krane beim Ein- oder Ausladen nennt man Krangeld.

Kreditreform. Verein, welcher Kreditauskünfte erteilt.

Ladeschein (Stromkonnossement, Binnenkonnossement). Eine Urkunde, in welcher der Frachtführer (die Binnenschiffahrtsgesellschaft) dem Absender bestätigt, dass ihm Waren zwecks Beförderung übergeben wurden und dass er diese dem Inhaber des Ladescheins ordnungsgemäss ausliefern wird.

Lastgut s. „Frachtgut“.

Lieferbar s. „Lieferzeit“.

Lieferzeit; (in der Industrie) die festgesetzte Zeit, bis zu welcher die Ware an den Besteller, oder (im Transportverkehr) an den Empfänger gelangen (geliefert werden) muss.

Liste, „unter Liste an die Hand gehen“. Mit einem begleitenden Verzeichnisse einen Antrag stellen.

Marke (Zeichen, auch Signum). Zeichen auf den Emballagen (Kisten, Fässern, Säcken u. s. w.), um das Kollo von anderen sofort unterscheiden zu können.

Mittelsichtig. In Anwendung auf Wechsel, welche 2 bis 3 Monate zu laufen haben.

Musterbücher. 1. Buch, welches Muster und Musterabschnitte enthält. Messingdruckwaren, Woll- und Seidengewebe, Spitzenstoffe, werden zumeist in Musterbücher eingeklebt.

Papier- und Tapetenmuster werden auch oft in Form von Musterbüchern den Kunden zugesandt und zwar so, dass jedes Blatt des Musterbuches eine andere Papiersorte darstellt und die nähere Bezeichnung desselben auf dem betreffenden Blatte angegeben ist.

2. Bücher, welche Etiketten oder Abbildungen von Gegenständen enthalten. So werden im Exportgeschäfte Kurzwaren, Bronzewaren, Luxusgegenstände nach Abbildungen verkauft.

Biere, Öle, Weine werden häufig bloss nach Etiketten, welche in Musterbüchern eingeklebt sind, verkauft.

Nachnahme. Dem Versender ist gestattet, das Gut mit Nachnahme zu belasten. Die Höhe der Nachnahme ist in der Regel unbeschränkt.

Wo Ausnahmen stattfinden, ist solches in den Verkehrsbestimmungen der betreffenden Transportanstalten angegeben.

Als Bescheinigung für die aufgegebene Nachnahme dient der abgestempelte Duplikatfrachtbrief (das Duplikatkonnossement).

Barvorschüsse — bei Aufgabe des Gutes zahlbare Nachnahmen — können nur in kleineren Beträgen vorkommen. Deren Zulassung ist dem Ermessen des Abfertigungsbeamten überlassen.

Auszahlung der Nachnahme erfolgt in der Regel nach Rückkehr der Meldung über die erfolgte Abnahme des Gutes gegen Zahlung der Nachnahme.

Nehmer; häufig gebraucht für „Käufer“.

Notadresse. Die auf den Wechsel geschriebene Adresse einer Person oder Firma, welche beauftragt oder ersucht wird, Annahme oder Zahlung zu leisten, wenn dies von dem Bezogenen nicht zu erreichen wäre.

Notadressat: der mit der Annahme oder Zahlung Beauftragte.

Notadressant: der Auftraggeber.

Notfall: jenes Ereignis, welches die Intervention des Notadressaten nötig macht (s. „Intervention").

Order (Ordre) = Auftrag.

„ beim Wechsel oder bei sonstigen Umlaufsspapieren bedeutet, dass derjenige, dem gezahlt werden soll — beim Wechsel: der Remittent — die Möglichkeit hat, das Papier weiterzugeben, eine Order zu erteilen.

„ auf Schiffspapieren (Konnossementen, Ladescheinen) bedeutet, dass derjenige, welcher das mit dem Namen des Verladers gefertigte Schiffspapier besitzt, das Recht hat, die Ware am Ankunftshafen zu übernehmen.

Der Verlader muss, wenn er nicht am Platze der Übernahme eine Filiale besitzt, das Papier in blanko indossieren, damit derjenige, dem es übergeben wird, dieselben Rechte erwerbe, welche er besessen.

Jeder Inhaber eines blanko indossierten „Order"-Konnossements gilt als berechtigt, sich die Ware am Hafen ausfolgen zu lassen.

Postwendend. Mit der nächsten, an die Absendungsstelle wieder zurückgelangenden Post. Z. B.: Auf ein Schreiben von Leipzig nach Stettin folgt mit der nächsten Postverbindung zwischen Stettin und Leipzig die Antwort.

Es ist dies mehr figürlich zu nehmen. Man will damit ausdrücken: die Antwort ist gleich nach Eingang des Schreibens zu erteilen und zu befördern.

Postnachnahme s. „Nachnahme".

P. P.; Praemissis praemittendis. Allgemeine Anrede in Zirkularen; bedeutet: Es möge vorausgesetzt werden, dass die Firma mit dem vollen Namen oder die Person mit allen ihren Titeln angeredet worden sei.

Provision. Vergütung, welche der Kommissionär für die Mühe des Einkaufens oder Verkaufens erhält.

Rechnung und Gefahr s. „Gefahr".

Referenzen angeben (aufgeben). Derjenige, welcher sich um Kredit bewirbt, giebt bisweilen demjenigen, bei dem er denselben zu nehmen gedenkt, Firmen an, welche ihn näher kennen und daher auch in der Lage sind, Auskünfte über ihn zu erteilen.

Man sagt: der Kreditnehmer „giebt Referenzen auf". Es bleibt natürlich ganz dem Ermessen des anderen Teiles überlassen, ob er auf das Urteil der angegebenen Firmen Wert legt oder nicht.

Reichsbankdiskont. Preis, welchen die Reichsbank für das Diskontieren von Wechseln in Form eines Abzugszinssatzes festsetzt. Dieser Preis — auch Bankrate genannt — bleibt oft durch Monate hindurch unverändert. Es hängt dies eben vom Verhältnisse des Geldvorrats zum Geldbedarfe im Lande ab.

Reichsbankgirokonto. Der Kunde hat ein Girokonto bei der Deutschen Reichsbank (s. B. Das Bankgeschäft a) Verrechnungsverkehr im Bankgeschäft, 1. Giroverkehr).

Reise-Avis. Mitteilung, dass der Reisende seine Tour begonnen hat.

Diese Mitteilung kann entweder brieflich erfolgen und an die Person direkt gerichtet werden, welcher die Mitteilung gemacht wird, oder in Form eines Zirkulars (Reise-Avis).

Reklamationen. Der Empfänger einer Ware hat nach den handelsrechtlichen Bestimmungen sofort nach Empfang derselben Untersuchungen betreffs Quantität und Qualität vorzunehmen.

Da nun in der Praxis die Mängel oft erst später wahrgenommen werden können, wird seitens des Lieferanten manchmal auf der Faktur der äusserste Termin angegeben, bis zu welchem Reklamationen Berücksichtigung finden können.

Retourrechnung. Die vom Regressberechtigten aufgemachte Rechnung für den Regressverpflichteten über die Summe des notleidenden Wechsels samt allen Kosten.

Rollgeld. Gebühr, welche der Spediteur für das Zurollen (Zustellen) einer Ware berechnet.

Rückstand. Eine noch unbeglichene Rechnung.

Rückständige Rechnung s. „Rückstand".

Schlepplohn. Gebühr im Speditionsgeschäft für die Benutzung eines Schleppschiffes zur Beförderung von Schiffsfrachten.

Schlussschein (Schlussnota). Die Urkunde, mit welcher der Abschluss des Geschäfts zum Ausdruck gelangt.

Entweder stellt der Verkäufer den Schlussschein in zwei Exemplaren dar und behält sich davon eines und giebt das andere dem Käufer, nachdem die beiden Exemplare von jedem der Interessenten vollzogen (unterzeichnet) wurden (Auswechselung der Schlussscheine); oder es ist der Makler der Aussteller des Schlussscheines. Dieser ist gesetzlich verpflichtet, nach Abschluss des Geschäfts unverzüglich jeder Partei eine von ihm unterzeichnete Schlussnote zu übersenden.

Selbstauslagen im Kontokorrent. Die am häufigsten vorkommenden Kontokorrentspesen, das sind Spesen, welche der Kommissionär gelegentlich der Aussendung von Kontokorrenten dem Kommittenten in Rechnung bringt, sind: Porti, Telegramm- und Stempelauslagen sowie Abonnements von Kursberichten.

Diese Auslagen werden zumeist in einer Post unter dem Titel „Spesen" in das Soll des Kontokorrents gestellt.

Skonto (s. a. „Ziel"). Würde der Verkäufer zwischen Bar- und Zeit(Ziel-)verkäufen keinen Unterschied im Preise machen, so würde er bei den letzteren einen Teil seines Verkaufsgewinnes durch Zinsenverlust einbüssen.

Um sich vor diesem Verlust zu schützen, wird der Verkaufspreis ohne Rücksicht darauf, wie bezw. wann der Kaufpreis beglichen wird, um die Zinsen höher angesetzt und jenen, welche dann bar zahlen, ein Nachlass (Skonto) gewährt.

Will jemand z. B. Waren, welche ihm selbst 12 M. kosten, mit 3 M. Gewinn verkaufen, so stellt er die Ware nicht etwa mit 15 M. in die Preisliste, sondern mit 15 M. 30 Pf. (4 Monate Ziel oder 2% Skonto).

Derjenige Kunde, welcher bar zahlt, ist berechtigt, die 2% — welche wegen des Borgens auf eine gewisse Anzahl von Monaten (z. B. 4 Monate) zugeschlagen wurden, vom Betrage zu kürzen.

Steht sohin auf einer Faktur 4 Monate Ziel oder 2% Skonto, so bedeutet dies: entweder ist die Faktur gleich (bezw. gebrauchsgemäss binnen 14 oder 30 Tagen) zu begleichen, dann darf 2% vom Fakturenwerte gekürzt werden, oder es ist der volle (Netto)Betrag bei Ablauf des Zieles zu bezahlen.

Es ist also für die über 14 (oder 30) Tage hinausragenden 3½ (oder 3) Monate ein Zinssatz von 2% vom Kapital festgesetzt; dies entspricht einem jährlichen Zinsfuss von 8% (viermal im Jahre 2%).

Sortiment. Auswahl von Waren; auch zusammengestellte Warengruppen; z. B.: „Unsere Sortimente bestehen aus je 5 Mustern" (je 5 Warensorten bilden ein Sortiment).

Spediteur. Spediteur ist, wer es gewerbsmässig unternimmt, Güterversendung durch Frachtführer oder Verfrachter von Seeschiffen für Rechnung eines anderen im eigenen Namen zu besorgen (s. a. IV. Abteilung: „Das Speditionsgeschäft").

Statistische Gebühr. Zum Zwecke der Feststellung der Ein- und Ausfuhrstatistik bestehen Formulare, welche seitens der Versender oder Spediteure auszufüllen sind. Auf diese Formulare sind Stempelmarken (Gebührenmarken) aufzukleben, durch welche Gebührenentrichtung an den Staat für die Kosten der Statistik erfolgt.

Telegraphische Bestätigung. Es ist Gebrauch, telegraphische Mitteilungen und Ferngespräche zu wiederholen (zu bestätigen).

Telegrammadresse. Firmen, welche häufig Telegramme erhalten, lassen eine von ihnen gewählte Chiffre an ihrem Wohnsitze beim Telegraphenamte als ihre Telegrammadresse eintragen, z. B. „Puppenfrank, Sonneberg" statt R. Frank & Söhne, Puppenfabrik, Sonneberg.

Telephonische Bestätigung s. unter „Telegraphische Bestätigung".

Terminverkäufe. Geschäfte mit späterer Lieferung (Termingeschäfte) werden entweder aus dem Grunde geschlossen, weil die Ware noch nicht in der Hand des Verkäufers ist und sich der Käufer dennoch des Besitzes derselben versichern will, oder weil der Käufer sie erst später abnehmen will, oder endlich lediglich in Spekulationsabsicht (Agiotage).

Transport-Versicherung. Versicherung gegen alle Gefahren, welchen das Versandobjekt auf der Reise ausgesetzt ist: Teil- oder Totalverlust, Feuer-, Wasserschaden u. s. w.

„U. ü. V."; „unter üblichen Vorbehalte" s. „Gutschrift per Verfall".

Überschreiben s. „Aufträge überschreiben".

Ufergeld; eine Hafenabgabe.

Untenstehend. Die Rechnung wird oft im Briefe selbst, zumeist ausserhalb des Brieftextes dargestellt.

Man bezeichnet dies mit „untenstehende Rechnung" (untenstehende Faktur).

In Österreich muss ein Brief, in welchem Rechnungen dargestellt sind, mit einer Stempelmarke versehen sein.

Unterstreichen. Unterstrichen werden in Briefen jene Beträge, welche Gegenstand der Buchung sind.

Verantwortlichkeit für Gewichtsdifferenzen s. „Gewichtsdifferenzen".

Verfügung (im Bankgeschäft). Es gehört mit zu den Aufgaben des Bankiers, dass er Geldforderungen einhebt und Zahlungen im Auftrage leistet.

Hat ein Kunde des Bankiers auswärts eine Forderung, so kann er dieselbe dem Bankier oder der Bank zur Verfügung stellen; der Bankier trägt sodann den Betrag in das Haben des Kunden ein und hebt denselben entweder beim Schuldner ein, oder verrechnet ihn selbst mit demselben.

Verfügung (im Frachtgeschäft). Häufig erhält der Spediteur von seinem Auftraggeber Sendungen mit der Weisung, nach Wunsch des Empfängers zu verfahren (die „Verfügung" des Empfängers zu berücksichtigen).

Ist der Empfänger ein Kaufmann, der die Ware, welche an ihn gelangen soll, wieder weiter verkauft hat, so wird er den Spediteur in der Regel beauftragen, dieselbe anstatt an ihn, gleich an den Käufer zu befördern.

Hat er die Absicht, über die Ware erst später zu disponieren, so giebt er bisweilen auch den Auftrag, sie an irgend einem Lagerplatze einzulagern.

In gleicher Weise behält sich aber auch der Absender nachträgliche „Verfügungen" vor.

So beauftragt z. B. der Exporteur den Fabrikanten, das Exportgut an einen von ihm bezeichneten Hafenplatz verladen zu lassen, um nachträglich dem Spediteur Disposition zu erteilen, wohin das Gut zu senden ist; dadurch weiss der Fabrikant nicht, an wen das Gut versendet werden soll. (Siehe „Versandinstruktion".)

Verladestelle. Platz, von wo ab eine Ware zur Verladung gelangt.

Versanddisposition s. a. „Versandinstruktion" sowie „Verfügung (im Frachtgeschäft)".

Versandinstruktion (oder Versanddisposition). Auftrag an den Spediteur, die Detailangaben über die Art der Versendung enthaltend. (Siehe a. „Verfügung [im Frachtgeschäft]".)

Verzugszinsen. Ist der Schuldner mit einer Leistung im Verzuge, so hat der Gläubiger das Recht, von diesem Zeitpunkte ab für den ausmachenden Geldbetrag Verzugszinsen zu forden.

Auf Fakturen findet man z. B. häufig den Aufdruck: „4 Monate Ziel oder 2 % Skonto. — Nach Ablauf des Ziels werden 5 % Verzugszinsen berechnet".

Verzollte Waren. Für aus dem Auslande in das Inland gelangende Waren wird entweder beim Eintritt in das Zollgebiet oder bei Übernahme der Ware am Zollamte des Innenlandsgebiets der Eingangszoll entrichtet.

Hierauf werden die Waren abgefertigt (ausgefolgt); solche Waren heissen verzollte Waren.

Vollziehen. Eine Urkunde mit Unterschrift versehen.

Vorfracht. Der Spediteur hebt beim Empfänger die Fracht und alle Nebenspesen ein, insofern dem Empfänger nicht das Gut „franko" zuzustellen ist. In diesem Falle hat der Absender für alle Kosten aufzukommen.

Übernimmt der Spediteur von einem anderen Spediteur das Gut zur Weiterbeförderung, so vergütet er diesem seine Auslagen und Gebühren und bezeichnet diesen Vorschuss als „Vorfracht".

Der Empfänger hat dem Spediteur, der ihm das Frachtobjekt übergiebt, die Vorfracht und alle weiteren Kosten zu vergüten.

Wagenladungsklasse. Seit 1877 ist auf sämtlichen deutschen Bahnen ein einheitliches Gütertarifsystem eingeführt, welches aus je einer Klasse für Eilgut, einer Klasse für Stückgut und zwei allgemeinen Wagenladungsklassen und zwar einer für Verladung von mindestens 5000 kg und einer anderen von mindestens 10000 kg besteht. Ausserdem bestehen Spezial- und Staffeltarife.

Ziel (Borgfrist). Der Verkäufer borgt dem Käufer Waren auf eine bestimmt angegebene Zeit (Ziel). (Siehe a. „Skonto".)

Zollabfertigung s. „Verzollte Waren".

Zurollen lassen. Mittels Eisenbahn oder durch ein Fuhrwerk an den Empfänger gelangen lassen.

Warentechnische Erläuterungen.

I. Kaffee.

Kaffeesorten im Welthandel.

Brasilkaffees:

(Rio, Santos, Bahia, Compinos).

Zentralamerika-Kaffees:

(Cuba, Portoriko, Jamaika, Domingo, Costarica und Guatemala).

Ostasiatische Kaffees:

a) Javakaffees: Sumatra; Java (Pranger und Cheribon); Celebes (Menado) und Borneo);
b) Ceylon-Kaffees;
c) Kaffees von Vorderindien (Neilgherri und Salem Plantagen).

Qualitätsbezeichnungen.

„Reell breitbohniger Rio“.

Bezeichnung für eine häufig vorkommende Brasilsorte.

„Perl Santos“.

Die gewöhnlichen Kaffeebohnen sind an der einander zugewandten Seite flach. Verkümmert die Bohne, so bildet sich die zweite klein und rundlich aus. Diese Bohnen heissen „Perlen“ und der durch Sortieren der Rundbohnen gewonnene Kaffee „Perlkaffee“. („Perl“ ist mithin bloss eine Bezeichnung für die Form und nicht für die Qualität des Kaffees).

„Bekannte Konditionen“.

Im Kaffeehandel haben sich ebenso wie bei allen anderen Stapelartikeln gewisse gleichartige Gebräuche herausgebildet.

So wird z. B. Rohkaffee an manchen Kontinentalplätzen gegen Zahlung in 3 Monaten oder bei Barzahlung innerhalb 14 Tagen gegen $1^1/_4$% Kassaskonto gehandelt. Der Preis versteht sich im deutschen Handel entweder in Pfennigen und $^1/_2$ kg (Pf.) oder in M. und Pf. für 1, 50 oder endlich 100 kg.

II. Papier.

Papiersorten. Man unterscheidet:

a) Lösch-, Schrenz- und Packpapiere;
b) Druckpapiere;
c) Schreib- und Zeichenpapiere.

Beim Schreibpapier unterscheidet man wieder zwischen Konzept (geringste Sorte) Kanzlei (I und II; mittelfeines und feines); Postpapier (gerippptes, feines und feinstes); darunter besonders Brief- und Mundierpapier, Velinschreibpapier (Velinkonzept, Velinpost) und feinere Sorten.

Papierformat und Bezeichnungen.

Plano offene, nicht zusammengefaltete Bogen.

Seit 1884 hat Deutschland nachfolgende Normalformate:

Nr. 1 Reichskanzlei 33 cm Breite × 42 cm Höhe; Nr. 2 34 × 43; Nr. 3 36 × 45; Nr. 4 38 × 48; Nr. 5 40 × 50; Nr. 6 42 × 53; Nr. 7 44 × 56; Nr. 8 46 × 59; Nr. 9 48 × 64; Nr. 10 50 × 65; Nr. 11 54 × 68; Nr. 12 57 × 68 cm.

Reichsbriefformat: 27 × 42 cm.

Satinierung. Zur Appretur des Papiers gehört das Satinieren, das Schneiden und das Einpressen von Wasserzeichen.

Das Satinieren erfolgt auf speziellen Maschinen (Satiniermaschinen). Unter Wasserzeichen versteht man die durch geformte Drähte in der Papierform hervorgebrachten Zeichnungen oder Buchstaben, die deutlich sichtbar werden, wenn man das Papier gegen das Licht hält.

III. Trikotage.

(Strumpfwaren.)

Trikot (auf Deutsch Strickerei) im weiteren Sinne ein aus Baumwolle oder Schafwolle hergestelltes Gewebe.

Der Name Trikot wird aber im engeren Sinne allen den Kleidungsstücken beigelegt, welche eine freie und unbehinderte Bewegung des Körpers gestatten.

Die Führerschaft in der Fabrikation dieses Artikels nimmt seit Jahren das Königreich Sachsen (insbesondere Chemnitz und Umgebung) ein, ihm folgen: Westfalen und die Rheinprovinz.

Strumpfwaren nennt man Gewebe, die nicht wie Wirkwaren aus gekreuzten Fäden gebildet sind, sondern welche aus ineinandergreifenden Maschen bestehen.

IV. Spielwaren.

Spielwaren werden aus den verschiedenartigsten Materialien wie Holz, Weissblech, Zinn, Blei, Messing, Kautschuk u. s. w. gefertigt.

Die massgebendsten Länder für die Spielwarenerzeugung sind: das Deutsche Reich und Frankreich, und zwar erzeugt das Deutsche Reich mehr wohlfeile, Frankreich mehr luxuriöse Spielwaren.

Im Deutschen Reiche sind München, Berlin, Sonneberg (Thüringen) in der Spielwarenerzeugung hervorragend.

V. Kunstblumen.

Künstliche Blüten, Knospen und Blätter werden sowohl aus passenden Geweben, Papier, Vogelfedern als auch aus Stroh und sogar aus Fischschuppen dargestellt.

Die Materialien werden durch das Zuschneiden mit der Hand oder durch Stanzen in die passende Form gebracht und sodann bemalt.

Agraffen = Hakenspangen,
Posen = Federkiele,
Straussfedern = g kräuselte Schmuckfedern.

VI. Petroleum.

Petroleum (Naphta, Erdöl oder Bergöl) ist ein Welthandelsartikel für Beleuchtungszwecke.

Die Farbe des Öls sowie seine Entflammbarkeit bei Erwärmung bilden den Massstab für die Bewertung desselben im Handel.

Die beste Sorte heisst:

water white (1. Sorte),

dann folgen:

superf. white (2. Sorte),
prim white (3. Sorte) und
standard white (Merkantil weiss) (4. Sorte).

Die Namen Sunlight, Astrolöl, Kaiseröl drücken eine besonders hohe Leuchtkraft des Öles aus, welche dasselbe durch wiederholtes Raffinieren erhält.

In vielen Ländern sind gesetzliche Bestimmungen getroffen, nach welchen Petroleum, das unterhalb eines gewissen Siedepunktes entflammbare Dämpfe bildet, nur in auffällig kenntlich gemachten Gefässen in den Handel gebracht werden darf.

In Deutschland unterliegt z. B. schon Petroleum, das bei 21° Celsius und darunter entflammbare Dämpfe entwickelt, dieser Beschränkung.

Bei Ermittelung des Entflammungspunktes des Leuchtpetroleums ist in Deutschland der Abelsche Petroleummesser in amtlichem Gebrauche.

Zisternenwagen; Gefässwagen; Bassinwagen.

Barrel Fass; auch Flüssigkeitsmass für Petroleum = 170,34 l von raffiniertem Öl und 159,98 l Rohöl.

VII. Leinwand.

Leinwand nennt man ein aus Flachs oder Hanf gefertigtes Gewebe.

Leinwand, welche aus bereits gebleichtem Garn angefertigt ist, heisst weissgare Leinwand oder geklärte Leinwand.

Ist sie von besonderer Steife, so heisst sie Kreas (Lederleinwand).

Zwilch, Drill oder Drell nennt man ein geköpertes Hanf- oder Leinengewebe.

Tischzeuge und Handtücher werden häufig aus gefärbtem Leinengarn bisweilen mit Einschuss von Baumwolle erzeugt. (Tischtücher mit bunten Dessins.)

VIII. Rauchwaren.

(Rauhwaren; Pelzwerk.)

Rauchwaren: Bezeichnung für alle Sorten von Tierfellen, welche zur Ausfütterung oder Verbrämung von Kleidungsstücken verwendet werden.

Die wichtigsten europäischen Plätze für den Rauchwarenhandel sind: London, Leipzig und Paris.

Lammfelle (Persianer, Kanakuls).

Von den astrachanischen und ukrainischen Fellen sind die schwarzen die wertvollsten, indess von den persischen die grauen die beliebtesten sind.

Je feiner bei diesen Fellen das Haar ist und je zarter und kräuseliger („Locke"), desto geschätzter sind die Felle im Handel.

IX. Leder.

Leder: Tierhaut, welche durch passende Zubereitung dauernd geschmeidig erhalten wird.

Es giebt drei Hauptledersorten: lohgares, weissgares und sämischgegerbtes Leder.

Innerhalb dieser drei Hauptsorten unterscheidet man eine grosse Zahl von Sorten, so dass man nicht fehlgeht, wenn man die richtige Kenntnis vom Leder als eine nur durch jahrelange praktische Thätigkeit zu erwerbende bezeichnet.

Das lohgare Leder kommt im Handel als Sohlleder (zur Anfertigung von Schuhsohlen, Treibriemen und Pferdegeschirr) und geschmeidigeres Gewichtsleder (zu Schuhoberteilen, Wagendecken und Kofferüberzügen) vor.

Weissgare- und sämischgegerbte Leder werden zur Anfertigung von Wasch- und Glacéhandschuhen sowie von Ledergalanterie-Gegenständen verwendet.

Kipse. Häute eines in Ostindien heimischen Rindes.

Bürde. Zusammengebundenes Leder ca. 200 Pf. wiegend, bildet eine Einheitsquantität im Sohl-(Pfund-)Lederhandel.

FSC
www.fsc.org
MIX
Papier | Fördert
gute Waldnutzung
FSC® C083411

Kolibri 360 GmbH
Ferdinand-Jühlke-Straße 7
99095 Erfurt, Deutschland
produktsicherheit@kolibri360.de